１年生の担任になったら

笑顔と安心の教室をつくる

新居 琴 著

高文研

はじめに

　チャイムが鳴って、頭から湯気を出して教室に入ってきたさっちゃん。
　「せんせー！　うんてい、最後までいけたよ〜。こんなにおっきい豆できた」
　真っ赤になって豆の皮がめくれそうな掌を誇らしげに見せてくれます。
　「わたし、すごい？」
　「やったね〜。すごいよ〜。みんな、さっちゃんの豆、見て見て」
　「せーの」「パチン！」
　新しくできるようになったことがあると、ハイタッチをすることにしているのです。「どれどれ。おいしそうな豆だこと」と言いながら、私（ねずみばあさん・本文参照）はパクパク食べる真似。くすぐったそうなさっちゃん。
　「あのね、ゴロちゃんが、応援してくれたの」
　「わあ！」っと集まってきた子たちからも、「さっちゃん、とうとう最後までいけたんや〜」「頑張ってんなあ」と声がかかります。
　「今日の、きらりさん（一番頑張った人）は、さっちゃんやなあ」
　と、腕白小僧のしんご君。すかさず「（応援してくれた）ゴロちゃんも！」とさっちゃん。私は言います。
　「じゃあ、お昼休みは、はじめにさっちゃんのうんていをみんなで見せてもらおうっか」「やろう。やろう」
　お昼休みは、さっちゃんの腕前披露からスタート。こんなとき、「やってみる」と次々にチャレンジ者が増えます。「頑張れ」コールの中、何人かの子たちがチャレンジに成功したのでした。応援隊もキラキラでした。
　こんなかわいい姿が、本来の１年生の姿！　それなのに、どうして「びしっと厳しくしつけなさい」の声に、私たち教師は苦しめられなければならないのでしょう。
　でも、そうした中でも、子どもをよく知り、知恵とアイデアをこらすことで、楽しく指導することができるのではないでしょうか。このささやかな「１年生の指導の工夫」が、教師や子どもたちのお役に立てたら幸いです。

◆──もくじ

はじめに 1

第Ⅰ章　子どもを知る、子どもをつなぐ

〈1〉はじめての出会い 8
- 入学式は手品で笑顔に
- トイレの使い方のひと工夫
- 教室での出会い「あらいぐま先生です！」
- 地図とカレンダー
- 情報の一覧表を作る
- 座席表とポストイット

かわいいエピソード①「ぼく、勝手に泳げたよ！」................ 15

〈2〉学校生活（入学2日目以降）............... 16
- 朝の準備は写真を提示
- 並び方の工夫
- 班をつくる「○号車、ちび列車」
- 仕事が大好き1年生
- 活動目標を提案して、評価する
- みんながやりたい係や当番活動
- ラミネート注意報

【コラム】おもしろい係をつくろう 27
- 朝の会、帰りの会

〈3〉子ども同士をつなぐアイデア 31
- 朝、テーマを決めてひと言発表

- ✤給食の時間の楽しい対話
- ✤「遊びの呼びかけタイム」は、現代版「この指とまれ」
- **かわいいエピソード②** 「新しいルールで〈逃走中〉」……… 32
- ✤班遊び
- ✤トラブルの解決
- ✤大きなトラブルの解決は「ブータン劇場」で再現

〈4〉子どもが主人公になる取り組み ……… 39
- ✤誕生会のすすめ
- ✤読書のすすめ

〈5〉保護者と手をつなぐ ……… 44
- ✤保護者への連絡
- ✤家庭訪問
- ✤学級懇談会
- ✤個人懇談――家庭の役割

【コラム】 我が家でやらせたお手伝い ……… 50
【コラム】 おうちの人に読んでもらえる連絡帳 ……… 52

第Ⅱ章 楽しく学ぶアイデア
―― 子どもたちが引き込まれる授業の工夫

〈1〉話すこと・聞くことをたっぷりと〈国語科〉……… 54
- ✤ひらがなを読み書きする前に

〈2〉1年生の発達とひらがな 56
- どの順番で教えるか
- 粘土で「あ」、最後に「ん」のペンダント
- 「UFOてんてん号」──濁音を教える
- 「ピポポ星人」──半濁音
- くっつき棒──くっつきの音「は、を、へ」

〈3〉落ち葉のふとん〈生活科〉 66
- 教師も探検する
- 秋まつり──落ち葉の布団
- 昔遊び

〈4〉冒険遊びのすすめ〈体育・運動場〉 73
- 「あらいぐま大将と26ぴきのねこ」
- ねずみばあさんと子ネズミたちの冒険（体育館）

かわいいエピソード③　「机の下にかくれているよ」 78

第Ⅲ章 「困っている子」に出会ったとき
──子どものヘルプに応えられる教師に

〈1〉「困った子」は「困っている子」 80
- 教室にいる「困った子」とは
- ゆるやかなルールをつくる
- マイペースで集団活動の苦手な子
- 荒れる子

〈2〉指導の工夫——「困っている子」も大丈夫 ……87
- 1年生の教室はむやみに飾りすぎない
- 机の上の並べ方を図示する
- 授業のはじめと終わりをきちんと伝える
- 指示語を少なくする——多動な子もできる
- 特別なルールができるとき
- 保護者の力を借りる

〈3〉子どもが成長するとき ……95
- 子どもの中にある「変わりたい」という意識
- まりちゃんの成長
- 「ごめんね」が言えるまで

第Ⅳ章　保護者・子ども・教師をつなぐ『学級通信』

- 1年1組約束ごと、第一号、決定！（4月）……102
- おうちの人から届いた声（4月）
- 給食がはじまりました！（4月）
- 粘土のひもで「あ」（4月）
- 楽しかったよ、連休（5月）
- 家庭訪問で見つけた子育ての知恵（5月）
- 楽しみな誕生日会（5月）
- 遠足でめっちゃ楽しかったよ！（5月）
- みんなが活躍！　4、5月のたんじょうかい（6月）

- ✣ＵＦＯてんてん号あらわる！（6月）
- ✣参観・懇談終わる──「虹の海」の図工（7月）
- ✣こんな手伝いさせています！（7月）
- ✣くり上がりのある足し算（10月）
- ✣たのしかったよ、うんどうかい（10月）
- ✣大満足の遠足──天王寺動物園（10月）
- ✣たのしかったよ！　あきまつり（12月）
- ✣〈シリーズ〉お母さんの知恵袋（1月）
- ✣がんばった学習発表会（2月）
- ✣おたんじょうかい＆おわかれかい（3月）

『学級通信』は「学級通心」 ……………… 140

あとがき ……………… 142

本文イラスト＝広中　建次

装丁・商業デザインセンター＝増田　絵里

第Ⅰ章 子どもを知る、子どもをつなぐ

入学式から2日目。全員と「王様じゃんけん」。グーばかり出して、全員が勝てるようにしています。(全員が勝って、王様です!)

1 ◆ はじめての出会い

◇ 入学式は手品で笑顔に

　入学式が始まり、いよいよクラス担任の発表です。
　3クラスの担任が、元気に「はい！」と返事をして、子どもたちの前（舞台前）に登場。初めての出会いです。それぞれ、担任の名前を子どもたちに呼んでもらった後、3人の担任が舞台前中央に集まります。
　「1年生のみなさん、私たちは、みなさんと会えるのを楽しみにしていました」
　「♪チャラララララ～」（「オリーブの首飾り」のメロディ）
　と歌いながら、クラスカラーの赤・青・黄色の紐を2組の担任が持ち、手品の始まり始まり～。
　「1組は赤！　みんなで仲良く手をつなぎましょう」
　と3人で協力しながら、それぞれのクラスの同じ色の端と端を結んでいきます。そして、ぱっと紐を広げてみると、ああら、不思議。一つの輪になります。
　「わあ！！」
　「1年生、みんなで手をつなぎましょうね」
　式に参加している子どもたちも、保護者も、職員もにこにこ。楽しい出会いができました。
　この手品は、入学式前に、担任3人で「何か、楽しい出会いを」と相談して考えたもの。一緒にやることで、担任同士の気持ちの共有もできるし、3人で協力して学年づくりをしていくことがアピールできました。

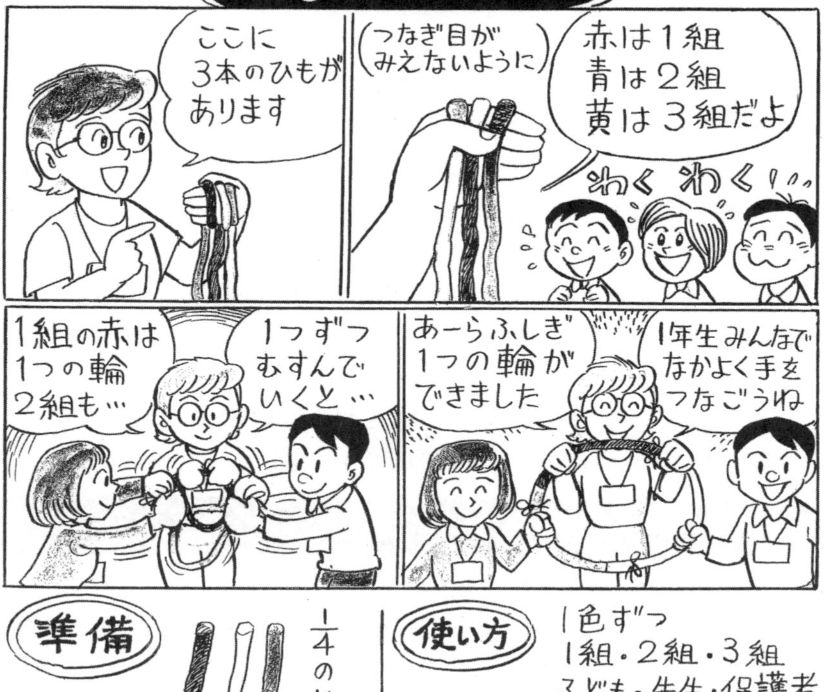

◆ トイレの使い方のひと工夫

　入学式の後は、トイレの使い方を教えました。一番に教えたいことです。

　入学式の写真撮影の後、子どもたちを近くのトイレに連れて行きました。これが、はじめてクラスの子たちだけとの出会いの場面です。トイレの前で、子どもたちを止めました。

　「1組のみなさん、おうちのトイレは、椅子に座るようにしてしますね（実

演)。でも、学校のトイレは和式っていってね……」

　ミッキーマウスマーチを歌いながら、トイレの中からスリッパと、手のひらより少し大きいミッキーマウスを躍らせながら登場させます。

　緊張していた子どもたちの顔が、ぱあっと明るくなりました。みんな、何が起こるか興味しんしん。スリッパを和式便器に見立てて、ミッキーを座らせ、「一歩前へ出るといいよ」と言ったころには、「わかったあ！！」と、ニコニコしてトイレに入って行きました。

　学校のトイレを怖がる子がいたり、大便は家でしかできない、こだわりの強い子もいます。だから、決して居心地が良いとはいえない学校のトイレを少しでも安心できる場にすることは大切なのです。

　さて、この二つの道具は、前日に計画して、式当日にトイレに仕込んでおいたものです。私自身も子どもたちの反応を予測して、わくわくしました。

◆ 教室での出会い「あらいぐま先生です！」

　入学式の後、保護者はＰＴＡの説明でしばらく会場に残りますので、子どもたちと教師だけになります。私は、歌いながら得意な手品をやり、大きなアライグマのぬいぐるみを取り出しました。子どもたちから拍手が起こりました。

　「１年１組のみなさん。先生の名前は、あらいことです。みんなから、あらいぐま先生と呼ばれています。手品とじゃんけんが大好きです。学校ですることは、給食と遊び時間が好きです」

　くすくす笑いが起こります。ぬいぐるみを動かしながら、

　「あらいぐま先生って呼んでね」と言ったら、「あらいぐまあ？」と大きな声で言ったのは、元気そうな男の子。どっと笑いが起こり、これでつかみはＯＫです。

　①先生は、たたいたり殴ったりしません。
　②みんなで相談しながら、楽しいことをいっぱいしましょう。
　③先生は、３年生まで時どきおねしょをしていました。でも、今はしません。だから、失敗しても大丈夫。失敗したり困ったりしたら、なんでも相談してね。おねしょのことは秘密だよ。

（新居・絵）

　と保護者が来る前に、安心できるように話をします。1年生は、緊張したり、タイミングをはずしておしっこの失敗をする子が何人かいるからです。先生のおねしょの秘密は、その日のうちに、ばれてしまいましたけど。（笑）
　その後、保護者が教室にやって来るころに出席をとります。
　「A君、元気な返事だね。野球好きでしょ！」
　と言ったら、ビックリしたような顔をして、こちらを見ていました。その日は固まったままだったのですが、次の日、
　「先生、何で知ってるの？　いつも運動場で練習してるの見てた？」
　「そうだよ、お兄ちゃんもやってるでしょ！」
　それをきっかけに好きな球団の話をしたりして、その子との距離が一気に縮まりました。
　「Bさんのおうちは、森の中にあるんだよ。前の川でサワガニがとれるんだよ。先生はもうおうちまで行ってみたから（本当に見に行きます）。Bさん、心配いらないよ。おうちが離れているから、だれかいっしょに遊んであげてね」
　と、その子がひとりぼっちにならないよう声かけをします。保護者の方も安心したようです。そして、「次の班替えでは、近くのCさんと一緒にして、家に遊びに行けるようにしよう」と2人をつないでいく見通しがもてました。
　その他にも、他県から転入して来た子や、離れたところの保育所や幼稚園から来た子も不安を抱えていると思います。「あなたの近くには2組の○○さんがいるし、道は一つ筋が違うけど、1年生が2人いるよ」と話をしてあげると、後ろで聞いている保護者も本人もホッとしたような顔になります。ぬいぐるみを持って回ると、ぬいぐるみの手をそっと握る子もいました。

地図とカレンダー

入学式を前にして、私が1番にすることは、子どもの家を地図に落とす〈しるしをつける〉ことです。子どもたちは地域で育っていますから、どこからどういうルートで学校に通って来ているのか、友達が遊びに来てくれそうなところか、帰ったらまわりに公園はあるか、そういう情報を地図に落として、子どもの名前を覚えるのと同時に、名前を聞いたら、家庭や地域がすぐ頭に浮かぶようにします。

「Cさんは、長い坂の道を毎日歩いてくるんだよ」「Dさんのお姉ちゃん、受け持ったよ」「EさんとF君は、誕生日が一緒だよ」……

初めて赴任した学校なら、必ず地域を見て回り、地域の店で買い物をします。校区の状況（子どもを取り巻く地域の環境）、地域を知ることから、教育は始まると考えるからです。

情報の一覧表を作る

子どもたちの情報は、環境調査票や、きょうだいの担任などからキャッチするようにしています。子どもたちの好きなことや興味のあること、配慮すべきことなどが早くわかれば、指導に生かすことができます。

つかんだその情報は一覧表にします。出身の保育所や幼稚園、誕生日、きょうだい、近くの子、長男長女（初めてなので、保護者は細かいことが気になるだろうと予測する）、好きなもの、習い事、配慮の必要なことなどを書き込んでいきます。

卒園してきた保育所や幼稚園で、どのような体験をしてきたかをつかむことも大切だと思っています。幼稚園によっては、音楽活動やスポーツ、また、ひらがなや計算、さらには漢字や熟語・俳句・英語を教えているようなところもあります。一方で、自然に触れたり、労働をしっかり体験して入学してくる子もいます。

幼児期に遊びこんだ子は、自己主張がしっかりして、喧嘩をしたり、仲直りをしたりしながら、自己を抑制する力も育ってきています。一方、習い事の中で、野球のキャプテンとか、ダンスチームのセンターの子が、入学して

第Ⅰ章　子どもを知る、子どもをつなぐ

きたときからすでに影響力を持っていて、その力関係が学校に持ち込まれることがあります。小さいながらも、生きてきた歴史を持っているので、丁寧に子どもたちを見ていきたいです。

　保育所育ちの子どもたちは、放課後も学童保育に通うことが多いでしょう。すぐに伝えたい喜びや悲しさも、夕方、親に会えるまでそっと胸にしまっている子がいます。学童保育では、けん玉やコマ回しなどに取り組むところが多いので、そういったものを学校で発揮できるチャンスもつくり出したいものです。いずれ活躍する場をつくろうと、方針を立てます。

※ 情報はつかむだけでなく、子ども理解や指導に生かす。
※ 子どもたちを、一人ひとりばらばらで見るのではなく、地域や環境・生い立ちなど、関係性を見ていくことが大切。
※ 学校生活が始まったら、子ども同士の関係性をよく見て、様々なタイプの子と出会い直しをさせていく方針を持つ。

◆ 座席表とポストイット

　もう一つ、私が作るのは「座席表」(次ページ図参照)です。これは、机の順に名前を書いて、その下を空欄にして、その子の情報を書き込むものです。その用紙は絶えず手元に置いて、その時どき、その子について気づいたことを書き込んでいきます。印刷して、バインダーに挟んでおくと便利です。

　例えばパニックを起こした子が、その直前にどんなことがあったとか、どうしたらおさまったとか、自分はそのとき、どんな対応をしたとか。あるいは、いつも仕事の遅い子がそのときは早くできた、それはなぜか、こういう課題をやったときは早くできたとか、時間が経つと忘れてしまうようなことを、その場ですぐに書き込んでおきます。つながりを見つけたら、矢印も書き込みます。

　子どもの良かった発言や行動などもどんどん書き込んでいきます。

　この〝そのつど情報〟は、ポストイット（付箋）や小さいメッセージカードも利用しやすいです。これだとすぐにメモできるので、気づいたことをその場で書き込んでおいて、連絡帳に貼り付けたり、書き写して伝えてあげると、保護者はとても喜んでくれます。子どもは、ほめてもらえて、翌日ルン

13

ルンで登校してきます。

　また、私がよく使うのは、プリントしたハガキ大の簡単なメモです。「うれしいニュースをお届けします」というタイトルです。初めに使ったのは、下の三つをあげて、当てはまるところにチェックをしたものです。（右上）

> ・よく手をあげます。
> ・しっかりはっぴょうしています。
> ・しっかりお話をきいています。
> ★いっぱいほめてあげてくださいね。

　こんなマメ便りでも、おうちの人は学校でのわが子の様子がわかって喜んでくれます。

第Ⅰ章　子どもを知る、子どもをつなぐ

かわいい エピソード ❶

ぼく、勝手に泳げたよ！

　ある日、『おおきくなるっていうことは』（文・中川ひろたか　絵・村上康成／童心社）という絵本を読み聞かせしました。「大きくなるっていうことは、洋服が小さくなるってこと」「大きくなるっていうことは、新しい歯がはえるってこと」、そんなことが書いてあるとてもかわいらしい絵本です。
　ちょうどその日、プールの授業がありました。怖くて水の中に顔をつけるということができないP君を見て、まわりの子どもたちがコールしたんです。
「大きくなるっていうことは」
「水に顔を長くつけられるってこと」
　そして、「10、9、8、7、6……」
と、テンポよくみんなで数を数え始めたのです。
　すると、なんと、その間、P君は顔を水につけたままでいられたのです。
　しかも彼はそれまで浮くことができなかったのに、みんなが「先生の言う通りにしたらできるよ」って言ったら、浮くことまでできてしまいました。自分でもビックリして、「ぼく、勝手に泳げた！」って言ったのです。
　そのとき、側にポストイットがあったので、すぐ「今日初めて浮けました。ぜひおうちで乾杯を！」と書いて、おうちに渡したら、翌日、お母さんから、「うちでもパーティーをしました」（乾杯のイラストつき）という、うれしい返事が返ってきました。
　こんなふうに、ポストイットを上手に使えば、そんなに苦労せずに学校の様子を伝えられるし、おうちの人も一緒に喜べる。日頃からそういうふうに保護者と連絡を取り合えると、行き違いが生じるということも少なくなります。

15

2 学校生活（入学2日目以降）

◆ 朝の準備は写真を提示

　学校生活が始まると、基本的な生活を教えていきます。

　入学式の日、子どもたちが帰ると、早速、学年の教師がそろって、学童保育に挨拶に行きます。そして、在校生の学用品やランドセルを借りて、デジカメで写真をとりました。

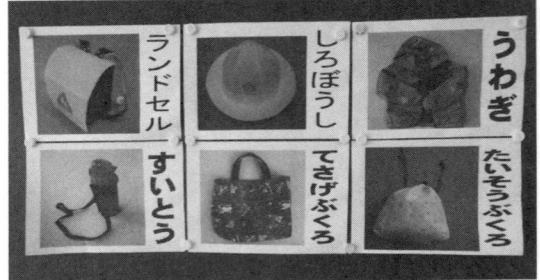

帰りにもってかえるものの写真

それを掲示できるように拡大して黒板に貼り、指導します。朝来たときや帰るときに、それを見ながら準備できるようにするのです（写真上）。

　帰りに、道具箱の中の写真を示せば、一目瞭然。これは、発達障害がある子にも、その他の子どもたちにも、文字を習う前の方法としてとても効果的でした（後に文字を習えば、文字へと移行）。大切なことは、図や絵を掲示しておくとわかりやすいですね。

◆ 並び方の工夫

　廊下に並んで移動することが、とても多い一年生。まず、しっかり並べるかどうか、担任としてはとても気になるところ。1年生の最初だから、びしっと並べなくちゃと思いますよね。でも、実際に子どもと出会ってみると、話を聞いてない子や、しゃべり続けている子、ふざけて誰かにちょっかいを出している子もいます。順番を覚えられない子だっているのです。

　多動な子が多かったりして、廊下に並ぶのが困難だとしたら、教室の中で

第Ⅰ章　子どもを知る、子どもをつなぐ

並ばせたらどうでしょう。これなら、何度でもやり直せるし、並べてから廊下に出たらいいわけです。並べないのは、何のために並ぶか目的がわからないからということもあるでしょう。並んだら、素敵なこと・やりたいことが待っていたなら、子どもたちはきっと並びます。

　並び方は、「びしっと」と思って、怖い顔をして号令をかけなくても、遊び的にやってみたらどうでしょうか。以下は、先輩の先生や同僚に教えてもらったものや、自分で工夫した方法です。

①「パンパン並び」

　「手をたたきましょう」の曲を歌いながら（ラララやハミングで）、「パンパン前・パンパン前」と、リズムをとりながら遊べば自然にまっすぐ並べます。学年体育のときでも、初めのころはよく使います。魔法にかかったみたいで、何も言わなくても並んでしまいます。

②「忍者並び」でひっそりと並ぶ

　いろいろな「並びっこ」を遊びの中でやりながら、「ワイワイ並び」（にぎやかに笑いながら並ぶ）、「ロボット並び」（カキンコキンと歩いて並ぶ）、「お化け並び」（手をぶらぶらさせながら、ふらふら並ぶ）などをしながら「忍者並び」を導入する。（アニメ「忍たま乱太郎」の歌「勇気100％」などを口ずさみながら。）忍者は音を立てず、人に見つからないように隠れるように並ぶので、横にはみ出すことなし。（横から顔を出したら、おもちゃの布製刀で切られるから。切ってほしがってわざとしそうなら、しばらく遊んでからやめる。）

　2列並びは、さしずめ伊賀忍者・甲賀忍者（赤影・白影などのネーミングも）といったところ。どちらが上手だったか列を評価します。こつは「抜き足差し足忍び足」「壁にぴたっと近づいて移動」を、ほかの移動の場面〈例・ランドセルを取りに行くなど〉でも忍術として使ってみておくこと。「忍者は姿を消して見えないように動くから、しゃべっても、人に触っても、敵につかまってしまう」と話しておくと、上手に動くようになります。

　ドアの外を偵察して、ひっそりと並ぶのは遊びと同じなので、子どもたちの動きのかわいいこと。私は、もちろん「くのいち」です。

③「暗号並び」

　だんだん慣れてくると、こんな並び方もできます。指で示す暗号ごっこ。初めは、列の前で「パンパンパン」と音で合図を送り、
　指で1──気をつけ（背筋ピン）
　指で2──前にならえ（グー1個分あける）
　指で3──なおれ
　指で4──座る
　合図に気づかない友達に教えるのは、肩を3回たたく──これも暗号です。初めのころは移動のとき、教師が後ろ向きに歩くのもよい方法です。
　それでも、じっとできない子には、当面「並ばせ係」や「鍵をもらいに行く係」などを提案して、動き回れるようにしておきます。最後に列に入ればいいでしょう。1人2人なら、教師が手をつないでも移動できます。
　超マイペースで、着替えや並ぶのに時間のかかる子は、「ドア・電気係」をつくって、最後にゆっくり電気を消し、ドアを閉めてきてもいいことにしていました。「そのうちできるようになればいい」と、ゆったりかまえる余裕が教師には必要です。同僚の目が気になると思いますが、みんなと一緒にできる子なら、もうとっくにできているはず。集団生活に慣れるまで時間のかかる子もいるし、発達上のつまずきがある子かもしれません。個別に指導法を考えながら、クラス集団も育て、成長を見守りたいものです。

　「背の順の並び方」も身体測定が終わってからと考えなくてもいいのでは？　1ミリや2ミリの違いはいいじゃありませんか。目的に応じて、多少のばらつきがあっても「だいたい」でいいでしょう。私は、7〜8人の号車（班・後述）ごとに並びっこさせて、そのときに仕切る子がリーダー候補だと見ています。1年の初めでも、子どもたちができることは、やらせてみる価値があるのではないでしょうか。
　そもそも、「そこは、本当に並ばなくちゃいけないところ？」と、並ぶことの多い日常〈学校生活〉を私は疑っています。集会のとき、並ばない学校だってあるのです。

第Ⅰ章 子どもを知る、子どもをつなぐ

◆ 班をつくる「○号車、ちび列車」

　学級には班をつくります。なぜ班をつくるかというと、子どもの居場所をつくるということ。教師も、クラスが30人を超えたりすると、誰がどうしていたかということを全部把握することがむずかしくなります。
　そこで、班をつくり、班活動をさせると、誰がどうしていたかがわかりやすくなります。また実際、班があることで子ども同士の関係がつくられていきます。
　でも、1年生の場合、班というと難しいので、1号車とか、2号車と命名しています。1号車は8人。電車みたいに並んでいるので、縦の2列を単位に、活動によっては前の4人、後ろの4人と半分に分けて、「ちび列車」（ちび班）にします。呼び方は、いろいろ工夫できますね。

　班には班長さんをおきます。1年生の初めですから、活動は物を集めたり、提出物が多いので、それをきれいにそろえて出すことをさせます。班長さんも最初のうちは交代をしながらやります。1～4番くらいまで順番を決めておいて、「はい、1番班長さん、集めてきてください」「次は3番さん」とか言って、班長体験をさせていきます。
　そのうちリーダーシップをとれる子が見えてくるので、1年生でも実践が進んでいくと、2学期くらいからはもう自分たちで班長を選ぶようになります。1年生は何ごとも「自分が1番！」の時代で、みんながやりたがるし、活動することが大好きなので、その気持ちを大事にして、やりながら学んでいくようにします。

　「班長会」は、1～2分で行います。おもに、班でのフォローの工夫の交流や評価で、学び合える機会にしています。少しずつリーダーの仕事を教えます。1年生は、円陣を組んだりすると大喜びです。廊下のすみっこや渡り廊下の階段、カーテンの裏側などは秘密会議の場所に利用します。子どもたちはすみっこが大好きなので、喜んで来ます。
　「泣いちゃったBさんに話を聞いてくれるのは誰がいいと思う？」とか、

第Ⅰ章　子どもを知る、子どもをつなぐ

「4号車は席がえしたでしょ。どうしてそうしたか、班長さんに聞いてみようよ」などの秘密会議を開きます。コツは、時間を短くすることです。

◆ 仕事が大好き1年生

　低学年は、仕事が大好き。日直は、1日の生活の中で必要なことを行うようにしています。初めのころは教師がやって見せ、徐々に子どもたちのものにしていきます。男女2人でしているのは、ダブルキャストの発想。

　朝の健康調べをするときに、日直が子ども全員の名前を呼びます。まだ、名前がわからなかったら、机に貼ってある名前をそばまで見に行ったり、名札を見て、姓名を順に呼んでいくようにしています。

　初めは、班（○号車）の子の名前を覚え、日直のときに全員の名前を呼ぶ機会をつくり、全体を見る機会を与えます。（注・日直が、点検目標を点検したり、教室管理という係がやったり、朝の会や帰りの会の専門の係をおく実践もあるので、2人ずつで、○○という仕事が当たり前……と思いこまないこと。班でやる方法もあります。）

日直に、アンパンマンとドキンちゃんのフェルトのワッペンをつけてあげたときは、大喜びでした。日直を表すものを身に着けると、発達障害のある子たちも、それを見ながら仕事を思い出したりします。
　また、めくるタイプの大きめの単語カードのようなものを日直の机の上に1日置いておく方法もあります。そのカードに、一つずつ仕事を書いておけば（絵やひらがな）、1枚ずつめくるので、次の仕事がはっきりします。
　1年生は、たくさんの情報や遠くにある情報をうまくとらえられない子もいますので、苦手な子のサポートになります。最後のカードには、
　「つぎの　にっちょくの　つくえの　うえに　おく」
　と、書いてあります。

◆ 活動目標を提案して、評価する

　いろいろな問題を抱えた子、困っている子たちがいると、クラスが落ち着かなくなります。隣の子がごそごそしていたり、用意ができていなかったりすると、全体が遅れたりするので、教師もイライラしてしまいます。そのときに、その子を責めてしまうと、子どもたちは教師の言い方、責め方をモデルにして、その子を責める方法を学んでいくことになります。
　でも、そういった子は、わざとそうしているわけではなく、勝手に体が動いてしまったり、気がついたら自分の世界に入っていることが多いですから、私は、助け合える方法を考えます。
　どうするかというと、1年生の入学式のときから、毎日、その日のめあてを朝、提示するようにしています。「元気に返事をする」「手をまっすぐ伸ばす」「外で遊ぶ」というものから、「チャイムで、すぐにもどる」「昨日、遊んでいない人と遊ぶ」など、毎日子どもの様子を評価しながら、次のめあてへと進めていきます。
　そして、そのめあてを「号車」ごとに守れたかどうかで「○」「×」をつけていきます。もちろん「○」の方を多くしますし、「×」があっても、必ず一つ頑張れば全部消せるというサービスをしながら、意欲を育てるようにしています。「×」を残さないということは大切です。友だちにやさしい言い方をしたり、助け合ったりすると、スペシャルポイントとしてたくさん

「○」をつけます。

　1年生って、お世話するのも好きだし、される方もにこにこして喜んでいます。ときに相手を責めそうになる場面がありますが、やさしい言い方をすると「○」をもらえるので、なんとかやさしい言い方を考え出そうとします。

　「お前、はやくしろよー」というよりは、「手伝おうか？」って言うと、「今の言い方よかったね！」と言って、「○」をあげる。そういうことは、どこかで誰かがやっていることを子どもたちは学び合うのですね。

　そんなふうに、助け合ったことによって評価をしていくと、何でもできる子が集まっているグループよりも、課題を持っている子がいるグループの方がいい点がとれます。めあてを何にするかとか、「×」を消していけるように考えるのは、「ダメ」「できてない」というのではなく、意欲や助け合う力を育てたいからです。

　すると、班替えをしたりするときに、あえて課題を持っている子と一緒に組もうとするんです。そういう中で、自然に助け合うことを学んでいく。普段、教師の言うことしか聞かなかった子が、友達のフォローを受け入れたりしたら、いっぱい「○」がつきます。

　こうして、大人（教師）の言うことだけを聞くのではなく、友達とともに生きることを選択できるようにしていきます。

　例えば休み時間に遊びに行こうとする子たちが、一人で残っている子を見つけて、「ねえねえ、ジャングルジムにいるから、あとでおいでよ！」と声をかけると、言われた方は「うーん、わかったあ」と、ゆっくりゆっくり歯磨きをしている。彼は何事もゆっくりだから、実際にそこにたどり着いたころにはもうあと5分くらいしかなくて、チャイムが鳴るんですが、それでもどちらも満足している。

　「はやくしろよー」じゃなくて、「まってるからねー」というのが素敵です。私もそれを見ながら、ほんわかした気持ちになります。

　子どもがよく育った1年生だと、3学期頃にこんな意見が出ました。
　「何で、めあてを先生が決めるの。へんじゃない？」
　「ぼくらの組のめあてやから、ぼくらで決められるわ」

「それに、○×も、先生が決めるのもおかしいと思うわ」
「そうや。先生が見てへんときに、いろいろぼくらやってんねんで」
「運動場で、太一とケンが喧嘩になったとき、ぼくらで止めて、もう仲直りしたもん」
「先生に言うてないから、知らんはずや」
「ぼくらのことは、ぼくらが一番よう知ってるし」
「みんな！　もう、先生が決めるのやめさせよ」

　拍手大きくなる……という具合。子どもが育つと、こうして立ち上がり、自治の力をつけていくのです。
　でも、今は、子どもたちの特性や生活ややりたいことと違うこと、関係のないことが求められ、教師の言うとおりにさせようと、強い指導（本当は、管理）が求められています。ですから、内心反発したり、荒れることでＳＯＳを発信しても、教師に対して正面きって異議申し立てができる子は非常に育ちにくくなっています。
　しかし、いずれは、子どもたちが「自分たちの世界を自分たちで立ち上げていく」ことを構想して、実践を組み立てたいものです。

◆ みんながやりたい係や当番活動

　係の活動は、教師によっては、最初から５つか６つ仕事を用意して、「じゃあ、これしたい人？」と呼びかけてやらせるケースが多いのですが、私の場合は、必要なものから１つずつ持ち込むようにしています。例えば、黒板を消すというのは、子どもたちが大好きな仕事の１つです。

「授業が終わったあとで、黒板消してくれる？」

と言って、それを班でやってもらいます。あとは窓を閉める、電気を消す、机を整頓するなど、ごく簡単なことを最初は３つくらいから始めます。
　この黒板消しについては、ちょっと自慢のグッズがあります。
　子どもは背が低いから上の方に書いた文字はなかなか消せません。そこで普通は台を使うのですが、私は、インターネットで取りよせた長〜い黒板消しを持っています。係が「届かないよー」と言ったとき、私が手品の中からにゅーっと出して、長いのをうまく登場させるんです。子どもたちはビック

リ！「わぁー」と驚きます。これは最初から出さない、出しどころが大事です。そこで、
「これは先生がインターネットでわざわざ取りよせたものだから、大事に使ってね。それと、黒板は先生のノートだから、落書きをしてはダメだよ」
と伝えておくと、子どもたちは落書きなんかしません。

あとは、今あったら便利だなとか、子どもたちがやりたがっていそうだな、という係です。例えば、誰かがメダカをいっぱいとってきた、ダンゴ虫がいたなどということがあったら、「生き物係があったらいいかな？」と問いかけて、「やろう！　やろう！」と子どもたちが言ったら、それを係活動にします。できるだけ子どもたちに選択させるというのが原則です。

決まったら、1号車が生き物係、2号車が黒板、3号車がドアと電気とかというふうに決めていきます。1つずつ持ち込んでいいのです。

そのうち、「同じのばっかりで嫌だ」とか、「そっちの方がよかった」という子が出てきたらチャンスです。（待ってました！）それを終わりの会で言わ

せて、みんなで納得した上で輪番にしてまわしたり、交換したりします。つぶやきや文句を「異議申し立て」として、提案・提起だととらえ直すことが大事です。低学年の教師は先取りして準備しすぎてしまい、提案、討議、決定のチャンスを奪わないように気をつけたいものです。子どもたちに「仕事（活動）」をさせながら、関係性を育てたり、討議、仕事の経験の場をつくる・居場所づくりをすると考えた方がいいでしょう。

　そういう指導をしていくと、例えば「図書の貸し出しで、はんこ押しがしたい」（図書係）とか、「体育のときに並べ係があったらいい」とか、子どもたちは自発的に提案するようになってきます。発達障害があると思われる子で、「天気予報」や「ことわざ」に精通していたら、「今日のことわざ」「今日の天気」など、活躍する場として係を立ち上げてもいいわけです。楽しいネーミングを一緒に考えるといいですね。（次ページ、コラム参照）

　こうして班や係、当番など、いろいろな居場所、出番、関係性をたて糸と横糸のようにつむいでいくのです。

◇ ラミネート注意報

　係の活動は、個人で希望のものをする方法もあるし、班で仕事をする方法もあります。子どもの実態からスタートし、子ども集団の発展とともに、改変していく柔軟さが必要でしょう。ですから、「かわいいイラスト満載のＣＤ」などに惹かれて、「かわいいもの優先」にならないようにしたいものです。私は、子どもの実態や集団の変化を考えない「ラミネートの掲示物」は吟味する必要があると思っています。

　４月に、職員室で交わされる「わあ、かわいい！」には要注意。子どもではなく「掲示物がかわいい」という話だからです。かわいいものはラミネートをして、残しておきたくなります。私は、これを「ラミネート注意報」と呼んでいます。どんどん子どもの関係が変わり、育ってくると、係などの「かわいい」掲示物は必要なくなります。下手でもいいので、子どもたちの絵や文字の方が、子どもたちの教室だという感じがします。

コラム

第Ⅰ章　子どもを知る、子どもをつなぐ

おもしろい係をつくろう
―― ネーミング・活動内容の工夫

- ✳黒板——消す。チョーク全色用意。黒板消し掃除。日付の変更。雨の日の落書きOK企画など。
- ✳ピーポー隊・刑事——用意の間に合わない人やトラブルを起こす人をつかまえる（本人がなりたがるのでおもしろい。捕まえ方が悪いと論議ができる）
- ✳花——校務員さんに花を分けてもらいかざる。花の名前を聞く。校務員さんとつながる。家の花を持ってきてもらう呼びかけも。
- ✳集め・配り——プリントなどを集めたり、配ったり。翌朝の入れ物の準備もする。
- ✳並ばせ——移動のとき、並ばせる。影響力のある子にぴったり。
- ✳並べ——名簿番号をプリントに書く習慣をつけると、名簿順に並べてくれる。ミニ名簿を用意すると、出てない子をチェックしてくれる。整理・整頓の得意な子にぴったり。
- ✳イベント・遊び・サプライズ（びっくり）——おもしろい遊びやイベントを企画する。誕生日にみんなで輪になって、給食を食べたり…。
- ✳一発ギャグ・だじゃれ・お笑い・怖い話・なぞなぞ・手品——発表の機会（給食中など）をつくる。
- ✳マナー係——電車の中や大人との会話、給食のマナー調査をしてみんなに教える。
- ✳飾り・折り紙——教室や窓・ドアなどを飾る。
- ✳図書——教室や図書室の本の貸し出しや整頓・管理。読み聞かせ。本の紹介。
- ✳秘書——先生の忘れ物をフォローする。「先生、集金袋、まだ配ってません」。先生の給食の用意。荷物もち。ハンコ押しの手伝いなど。助かる！
- ✳学習——教材のキャラクターづくりや準備の手伝い。
- ✳大工・工作——机のがたつき調整・掲示物の管理・要望された箱作りなど。名前シールはずれなどもすぐ気づいてくれる。
- ✳マッサージ・肩たたき——先生や友達にマッサージや肩たたきをする。まっすぐ見つめあうのは苦手な子でもできる。（予約券も作った。）癒します。
- ✳科学掃除隊——机の上の落書きを、除光液などでふき取る。床の汚れ取り。

床のすきまホジホジ。多動な子にぴったり。給食準備中など。
*美容室・おしゃれ——前髪の下がる子に髪留めを貸す。ほどけた髪の毛を戻す。服の着方のおかしい子にアドバイスする。
*忘れ物——忘れ物をした子に用意されているものを貸す。管理する。
*電気ドア——最後に、電気を消してドアを閉める。ゆっくりの子もできる。
*なかよし——トラブルがあったら、両者の言い分をうんうんと聞いてあげる。「言ったこと、合ってる？」「そのときはどう思ったの」「今はどう思ってるの」「これからどうしてほしいの」など、鍵になる言葉を教えておく。
*宅急便・忍者——先生の忘れたものなどを、ばれないように走って取りに行く。

　このほか、ニュース・新聞・おしゃれ・ほめほめ・あなほり・リラックス・給食手伝い・整頓・郵便・カメラなど。教科に関わる係を決めてもいいし、「教科ガイド」として、全教科の仕事をつくる方法もあります。
　〈例〉体育——並ばせる。準備体操やストレッチをさせる。（絵で見えるボードを用意。）体育倉庫の鍵の開け閉め。コーンなどの準備や片付け。

　内容が工夫・発展ができるものは「係」、仕事内容が決まっていて学級に必要な仕事は「当番活動」というふうに整理していきます。そして、取り組みに合わせて、運動会シーズンには歌ダンス係、音楽会に向けて歌係や音響係、ミュージック係など。
　私が気をつけているのは、係の数をあまり多くしすぎないということです。1人1役という方法もありますが、すごく目立つ係の子と、何をしてるかわからないような係の子が出てきます。そこで、係は原則として、次のようにしています。

* 1つの係を2人以上でする。（関係性を育てるため）
* 自分が指導できる範囲。（時間設定。指導内容）
* クラスの子どもたちの状況・実態に合うもの。
* 期間を設け、総括する。（途中変更の仕方、移動も話し合って決める）
* 子どもが思わずやりたくなるネーミングを工夫する。

第Ⅰ章　子どもを知る、子どもをつなぐ

◆ 朝の会、帰りの会

「朝の会」や「帰りの会」も、初めは教師がやって見せて、だんだん子どもができるようにします。始まる前は、きれいな音色の卓上鐘を「チリーン」と鳴らします。ざわめいていても、人の声と違う澄み切った音色で（これがポイント）すーっと静かになります。

順序は、大きく書いて後ろの掲示板に貼ったり、手で持てる大きさに書いたものを用意したりする方法があります。しかし、1年中それを見るのではなく、できるだけ友達を見て話しかけることが大事です。1年生は、ひらがなを習っていく途中ですので、口移しでおぼえるだけでもいいと思います。

朝の会

❶「これから、朝の会を始めます」、全員「はい！パンパンパン（拍手）」
❷「今日は、○月○日、○曜日です」
❸「健康調べ」（1人ずつ名前を呼ぶ）「○○さん」「はい、元気です」

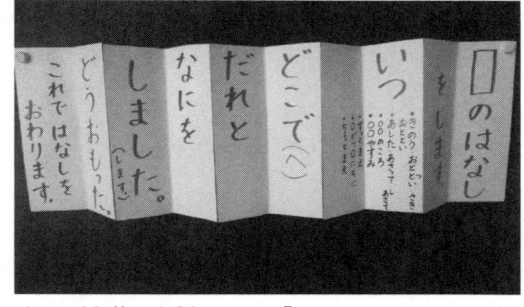
じゃばら状のお話カード。「いつ、どこで、だれと、なにを、しました、どう思った」が書かれている。

❹「今日の歌」（初めは歌遊びやミニゲーム。やがて歌係や音楽係に移行していくとよい）
❺「日直の話」（じゃばら状のお話カード〈写真上〉を持って。いずれ卒業させる）
❻「今日の予定と先生の話。今日のめあて」
（時間割や行事は後ろの黒板の隅に書いておく。自閉症スペクトラムの子どもも安心する。避難訓練などでのパニックを回避できる。教師の話は職員朝礼の連絡の中から朝連絡すべきことのみ。後は、給食を食べ始めた頃と帰りの会に分けて話す。職員朝礼のとき、朝、昼、帰りに伝えることを分けてメモ。毎日、めあてを提示する。）

帰りの会・終わりの会

❶「これから、帰りの会を始めます」「はい！　パンパンパン」
❷「ありがとう。ごめんなさい。どうぞ」（未解決のトラブルで、謝ってすむことはここで。席まで歩いて行く。お礼を言いに行くこともできる）
❸「今日の、良かったさん」（できるようになったこと。良かったことを前で発表。「よかったね〜」拍手など）
❹「今日の困ったさん」（未解決のトラブル。班長が代弁することもあり。事実確認をして、判断をみんなに仰ぐ）
❺「今日、一番おもしろかった人や班」（今日のきらりさん……などでもよい）
❻遊びの呼びかけ「コアラ公園で渦巻きじゃんけんをします。したい人は３時半集合です」
❼「明日の日直は……」（予告）
❽「今日の優勝は……」（めあての評価の最終まとめ。○や☆の数でわかる）
❾「先生の話」（もっともすぐれた取り組み、助け合っていたところ、成長したところなどを評価する。連絡は短く）
❿「さようなら」（歌、集団じゃんけん、ミニゲーム、手品、読み聞かせで時間調整）

※❸❹は「班から」「係、当番から」に変えていきます。

3 子ども同士をつなぐアイデア

◆ 朝、テーマを決めてひと言発表

　クラスを受け持ったとき、とりわけ大事なのは、ひとりぼっちをつくらないということです。そのためには子どもと子どもをつないでいくことが大切です。何も工夫しないで、自由に遊ばせていると、入学前に遊んでいた子や知っている子だけと遊び、新しい友達へと発展しにくいものです。新しく声をかけたくても、すでに出来上がったグループには入りにくい、ということもあります。こういうことに気づく教師でありたいです。

　友達になりたいときの方法を、ロールプレイのようにしてやってみせると大喜びです。あちこちで、「友達になろう」「いいよ。名前、何て呼んだらいい？」などの言葉が一日中聞こえて、かわいいです。

　朝のひと言発表を大切にしています。（健康調べのときにします）
「今日は、好きな動物です。○○さん」と呼ぶと、「はい、元気です。犬が好きです」とか、「ウサギが好きです」と、好きな動物を答えてもらいます。また「家で飼ってるもの」のときは、金魚を飼ってる子が３人いたり、ザリガニを飼ってる子が２人いたり。そうすると、
「金魚飼ってる人が３人います。金魚ともだちだね！」
　もうそれだけで、子どもたちは仲間がいたという感じで話題ができるし、仲よくなれます。
　「好きな遊び」という発表もなかなかおもしろくて、「鬼ごっこが好きです」という子がいたら、早速それをきっかけに、子ども同士のつながりを新たにつくり出す工夫をします。「家での遊び」や「手伝い」など、子ども達の生活が見えるような工夫をしたいものです。

◆ 給食の時間の楽しい対話

　給食は、教師が近くに行くととても喜ぶので、私も子どもたちと一緒に食べます。班を順に回ります。そこでいろんな話をします。
　「ヘレンはどうしてる？」「カメキチは元気？」
　ヘレンというのはたけし君が飼っているハムスターで、カメキチは亀。亀のボロとクラッシュの２匹をやすし君が飼っているのです。りん君は金魚とかぶとの幼虫とめだか。めぐみさんは犬のそらとうさぎのふうこ。
　そんな会話を交わすと子どもと近づけるし、子ども同士も近づけます。また、こういった対話は安心できるので、やがて「自分の生活」や「できるようになりたいこと」などの夢や願いも語れるようになります。
　そうした意味でも給食の時間はとても貴重だと思っているので、私はその時間、マル付けはしません。子どもとそばにいるときは、できるだけ子どもを知り、子ども同士をつなぐ時間にしたいと思っています。
　※給食時間は、できるだけ○つけなどしないで、子どもとゆったり過ごす。
　※給食の時間は、子どもの生活を知る大事な時間。

◆「遊びの呼びかけタイム」は、現代版「この指とまれ」

　給食の時間に、好きな遊びをやりたい子が呼びかける時間をつくっています。最初はちょっと影響力のある子に、「みんなに呼びかけてみたら」とアドバイスします。
　「今日、お昼に鬼ごっこをします。したい人！」
　そう言うと、誰と遊んでいいのかわからない子も手を挙げる。
　「ジャングルジムに集合です」
　と集まる場所を指示します。
　「鉄棒の練習をしたいから、鉄棒のところへ来てください、やる人！」
　そう呼びかけたら３人いる。
　「じゃあ、鉄棒に集合です」
　「今日、ぼくはのぼり棒をしたいので、のぼり棒したい人！」
　と呼びかけて、誰もいなかったら、みんなは声をそろえて、「残念！」と

第Ⅰ章　子どもを知る、子どもをつなぐ

かわいい　エピソード❷

新しいルールで「逃走中」

　おもしろかったのが、「逃走中」という鬼ごっこゲームです。
　このテレビ番組を子どもたちは見ていて、「どうしてもやりたい」と言う。黒い服を着た人が、隠れたり逃げたりしている人を捕まえて牢屋に入れる、大人の鬼ごっこ遊びです。「泥たん」「警どろ」のテレビ版です。
　ところが、これをやったら子どもたちは新しいルールを考え出した上に、みんな走るのがとても速くなったのです。というのも、速い子が追いかける側になると、遅い子は絶対に捕まってしまう。一方、遅い子が追いかけると、速い子には絶対追いつかない。
　そこでみんなで工夫して、速い子数人を限定して、大勢で追いかけるというふうに、ルールを変えたのです。そうすると、速い子はいっぱい走れるし、遅い子もチームで組んで、袋小路に追い込んで捕まえたりする。集団で追い込むという知恵を思いついて、1年生なりに遊びを発展させたわけです。

言います。「じゃあ、また今度」ということで、断られても傷つかない練習もするわけです。その日は、他のところに入れてもらうことが多いです。
　放っておくと、仲間の輪に入れない子が必ずいるので、こんなふうに呼びかけることで全員がどこかに入ることができます。決まった友達だけでなくても遊べる方法を一つ身につけたわけです。

◆ 班遊び

　いろいろなタイプの子たちとつないでいくには、まず、出会った班（○号車）などのメンバーと遊ぶことを提案したらどうでしょうか。班で偶然出会った人と、遊びを共有することができれば、子どもたちにとっては大きな前進です。給食を食べながら相談します。

　「班（号車）遊びしましょう」と言うと、「鬼ごっこしたい」「アスレチックがいい」と意見が分かれるのは、いつもの遊び友達ではないからです。そのトラブルを見て、「自分の考えがしっかり言えてるから言い合いになる。言えてえらい」と評価します。こういった意見の分裂こそが、交わり方を学ぶチャンスです。

　どう解決していいかわからない……ともめていたら、「じゃあ、じゃんけん」「負けたら、つきあう」とか、「今日は鬼ごっこするから、今度はアスレチックね」「じゃあ、それでいい」……と、付き合い方を生み出す子や班が現われます。「そっかあ。いい方法を思いついたね。誰が考えたの？」と、うんと評価するのです。

　そして、誰がそういう発想をするのかをよく見ておきます。班は、もめ事があると評価されるので、子どもたちは自分の意見を持つことや人の考えを聴くこと、どこかで一致できる方法を見つける知恵をつけていきます。（リーダーの発見・班会議の方法）

　はじめは、教師の提案で、班遊びの曜日を決めていても、そのうち自分たちですすんで班遊びをする班も生まれます。「今日は別の人と遊びたい」などと主張する子が出てきたとき教師は、「またもめて困った」ととらえるのか、「よし、育ってきたな」ととらえるかにより、おのずと評価・指導が変わってきます。『班遊び』が全班で成立すると、班替えになりました。

　班での活動は、その他に、班対抗のゲームや並び方、さらには、言葉集めや群読、体育のチームリレー、歌の発表など、学校生活や授業の中でも、どんどん取り入れていきます。

　「○班、良い姿勢！」「○さんができるまで責めなかったね。優しい班でよ

かったね」「○さんが困っていることに、班長さんは一番に気づいて、声をかけてあげたね」「歌に踊りをつけたら、ぴったりだったね。頭をくっつけて、よく話し合っていたね」「○班は、給食食べながら、楽しそうに話してるね」と、評価していきます。きちんとすることだけでなく、楽しそうな班を一番ほめましたね。

◆ トラブルの解決

　こんなふうに子ども同士つながりができ始めると、当然トラブルがたくさん起こります。自分の「つもり」と、人の「つもり」がすれ違うからです。
　例えば、鉄棒をすると言っていたのに、途中で鬼ごっこの方に行って、約束を破ったとか、忘れて図書室に行ってしまったなどというハプニングもあります。教師が目くじらを立てて、約束を守れなかったことを問い詰めても、子どもは育ちません。最初に「やりたい」と手をあげても、途中で気が変わったりするのです。これは一年生らしい失敗だと、ゆったりと成長を見守りたいものです。
　そして、トラブルこそ指導のチャンスです。そこで、子どもたちの考えを引き出します。
　「こんなことがあったんだけど、そんなときどうしたらいいと思う？」と聞くと、「そりゃ、約束を守らなあかん」という子もいるし、「気が変わるときもあるから、別のところに行ってもいいと思う。でも、言葉が足らなかったんと違う？」と言う子がいました。
　「じゃあ、そんなとき、どう言ったらいいんだろう？」と言うと、「悪いけど、途中で向こうに行きたくなったんだ。行ってもいい？って言ったらどうか」とか、「ごめんね。忘れて図書室に行っちゃった、って言えばいい」と、いろいろ気づきます。
　断わり方も、「『入れて』と言って、『無理！』って言われたら、『絶対ダメ』って感じで傷つくやんな」っていう子がいたので、「『無理！』じゃなくて、他の言い方があるかな」と聞いたら、「『ごめんね、今日は４人でやるって約束したから、また今度ね』って言ったらいい」とか、「入れてもらえなくても悲しまなくていい」とか、「『じゃあ、また今度ね』と言って、他の遊びをすればいいんだよ」などの意見が出てきます。
　そんなふうに考え合うと、「断わられたら、もうぼくはだめなんだ」なんてすねたりする子が、切り替えができるようになっていきます。そんなコミュニケーションの仕方を、子どもたちは知恵を出しながら学んでいきます。トラブルは、友達同士の交わり方を学ぶチャンスなのです。

第Ⅰ章　子どもを知る、子どもをつなぐ

◆ 大きなトラブルの解決は「ブータン劇場」で再現

　子ども同士が、新たに出会い始めると、トラブルも大きくなります。言葉や行動でうまくコミュニケーションのとれない子どもたちは、殴ったり蹴ったり、泣いて教師に訴えたりします。

　当事者同士で、事実を聞き出し、認めれば、たいていは解決します。でも、多くの子がそれを見ていたり、まったく気づかない子がいたりしたとき、私は、「ブータン劇場」という指人形（実は、ボディースポンジ／写真右）で、トラブルを再現して見せます。そして、「ここで、この事件が起こらないようにするには、ブータンとピヨはどうしたらよかったか」を、子どもたちに考えさせるのです。平和的な解決の仕方のアドバイスは、カエル（＝かんがえる）のケロ。自分のことなのに、別のキャラクターにすることで、第3者として事件を振り返ることができます。（棒人間を描いたり、ドラえもんやアンパンマンのペープサートを使った年もありました。）

ブータン劇場の主役、ブータンとピヨとケロ

　この遊び的な事件の読み解きと解決の方法は、子どもたちが事件を理解し、知恵を出し合う良い方法だと思います。なんだか、最後はいつもほっこり終わるのです。

【ブータン劇場のはじまり～！】

　ブータンが、ガーコさんと折り紙して遊んでいた。そこへ、ピヨがへんな折り紙持ってきてじゃました。ブータンが「やめて！」って言った。そしたら、ピヨが、ピヨピヨピヨピヨって大声をあげながら、よけい邪魔してきた。

　ケロ「ピヨはどうして、こんなに何度もピヨピヨ言いながら、邪魔したのかな？　本当はどうしたかったか、考えてケロ」

　「もしかしたら、ピヨは上手く折り紙ができたから、一緒に遊びたかった

んと違うか？」と答える子。その意見を聞きながら、みんなは「ああ、そうだったのか」という顔。

「ピヨは、遊びたかったの？」

と、さっきまで泣いていたブータンの当事者が思わずたずねます。

「ピヨは、遊びたかったのです」

こんなふうに話し合っていくと、「ピヨ、そんなときは『一緒に入れて』って言ったらよかったんやで」「ブータンも、すぐ『やめて！』って言わないで、『どうしたの？』って聞いたらいいねん」などと、解決策を出せるようになります。幼稚園で教えられた「ごめんね」「いいよ」ではなく、多くの子が納得するまで話し合う機会がつくれます。

また、1年生は、目の前で起こる事件を、見たまま「○○くんがなぐった」「△△さんが泣いてた」と家庭に持ち帰って話すものだととらえておく必要があります。解決していく様子を子どもたちが共有すると、家庭に伝わっても、保護者が安心してくれます。これは、とても大切なことです。

4 子どもが主人公になる取り組み

◇ 誕生会のすすめ

　1、2年生くらいの取り組みで、私の一番のおすすめは誕生会です。誕生日は、家庭で祝ってもらえる子もいますが、今はいろんな事情でそれどころでない子もいます。

　誕生会が良いところは、必ずその子が主人公になれることです。

　例えば、誕生会を2カ月に1回やると決めておけば、その日は必ずやってくるので、その都度イベントができますし、そのためには逆算して準備もしていかなければなりません。予定しなければ、日々の授業や行事に追われて何もしないまま終わってしまいます。私は、子どもを育てるためにも、教師が自分の指導力を鍛えるためにも、これはとてもいい取り組みだと思っています。

　次ページの写真が誕生会の様子です。黒板の「たんじょうび　おめでとう」の文字は私が書いたのを子どもたちがハサミで切って貼ったものです。ケーキも絵を描いて黒板にペタッと貼っただけです(第Ⅳ章「学級通信」118～119ページ参照)。プログラムもごく簡単です。

　最初のお誕生会は5月末くらいにやりますが、主人公の子は冠をかぶせてもらって、この日だけは特別扱いされて、満面笑顔。「はじめのことば」に続いて、ハッピーバースデイをみんなで歌います。終わりの方のくす玉わり

【プログラム】

- はじめのことば
- うた(ハッピーバースデイ)
- ゲーム「ウインクさつじんじけん」
- だしもの(めいろ、けんだま・こま、てじな、なぞなぞ、くみたてたいそう、さらまわし、ダンス、かみしばい、ペープサート、がっそう)
- くすだまわり(くす玉風船)
- おわりのことば

誕生会の終わりはくす玉わり。パーンという音に耳を押さえる子も！

は「くす玉風船」と言って、風船の中に紙ふぶきを入れておいて、プーッとふくらませて、針でパーンと割ります。これがとても盛り上がります。子ども達の中には音に敏感な子もいますので、「耳を押さえる係」ができたり、「トイレまで逃げときや」という「声かけの係」や「終わったら、呼びに行く係」まで生まれたりします。こういった取り組みをすると、

* 子ども達の好きなこと・得意なことがわかる。
* どの子にも出番ができる。
* 年に一度は、主人公になれる。
* 子ども達のつながりができる＝出し物のチームは、班で・やりたい者で・やりたいことで・仲間が集まってなど、いろいろ工夫できる。

「学級内クラブ」（注）の発表をしたり、劇をしたり。7月頃は忙しくて十分準備ができないというときは「班対抗でゲーム大会」を誕生会でします。（リーダーさがし、集団ジャンケン、人間まちがいさがし、ステレオゲームなど。）

国語の時間に「おおきなかぶ」を勉強して、発表させたいけど時間がないというとき、誕生会の中で「おおきなかぶ」の劇を取り入れたら、そこで立

派に発表ができます。ダンスが完成したから、ちょっとしたイベントで発表させたいと思ったら、お誕生会のプログラムに入れておけば、そこで発表会ができます。昔の遊びを取り込んだり、ものづくりをしてそこで教え合ったり。慣れたころには「サツマイモの収穫祭」を兼ねてやるとか、いろいろ工夫できますね。

「おやつづくり」もしました。教室を使って、お湯だけでできる「フルーツゼリー」は、歯磨き用カップで作り、翌日食べます。12月にはクッキーの上にいろんなものをのせて「カナッペ」作り。給食のご飯の日を利用した「おにぎりパーティー」。食べるものは子どもたちがとても喜びます。

「学級イベントは大切と思うけれど、何をしていいかわからない」という先生は、ぜひ最初（4・5月中）に誕生会を決定しておくといいと思います。

誕生会でもう一つ良いところは、仕事が分担できるということです。例えば、黒板掲示係、飾り付け係、プログラム係、会場係。そういう仕事を班で取り合いをして準備する。金曜日の授業の最後の時間を1コマ取って準備をして、「月曜日の1時間目に誕生会をするよ。飾り付けはこのまま、じゃあ、さようなら」と言ったら、登校しぶりの子でも絶対来るんです。

終わったら、そこで使ったグッズは捨てずに「誕生会グッズ箱」に入れておきます。5月はじめの図工の時間に作った輪つなぎ、タイトル、ケーキの絵、プログラムの主なものなどをこの「誕生会グッズ箱」に入れておきます。それを前もって準備しておけば、一年間ずっと使えます。

※誕生日で忘れてならないのは、入学式の前日や、翌日に誕生日を迎える子がいることです。入学したその日に「おめでとう」のメッセージを贈ると、本人も保護者もびっくり、喜んでくれます。そのためにも私はカレンダーを用意するのですが、初めのこの時期の誕生日の子を見落とさないようにしたいですね。

【注】学級内クラブ＝3人以上で誰でもつくれる同好のグループ。いつでも入れ、いつでもやめられる。〇〇学校と呼んでもよい。お絵かき、折り紙、たんけん、粘土、工作、ひみつきち……それぞれクラブ長や校長先生がいる。

◆ 読書のすすめ

　学級懇談会などで、私はよくこんなことを話します。
　「長年教師をやっていますが、やさしくて賢い子はみんな本が好きです。
　本は、自分から本の世界に入って行く力が必要です。自分から読まないと前に進まないでしょう。初めは絵本の絵も読みますが、だんだん文字だけで頭の中に映像が浮かぶようになってきます。目の前の現実の世界から、見たこともない世界にも連れて行ってくれます。そして自然に言語が耕され、内言（頭に言語をめぐらせて考える）力がつくのです。（5歳半頃には、かなり「内言」が育つと考えられていますが、4歳児では「内言」が未発達で、考えるときも「外言」を使います。）
　言語は、〈コミュニケーション〉〈思考や認識〉の手段としての機能、〈行動をコントロールする〉機能の3つがあると言われています。内言が育つと、自己コントロールする力も育つのです」
　そう言うと、親もわが子に本を読ませることに、とても一生懸命になります。

　本はそばになかったら手に取らないので、私は必ず学級文庫を作ります。古書店で買ってきたり、市の図書館や学校の図書室からまとめて借りておきます。よい本の情報もキャッチしておき、どうしても読んでやりたい本は、インターネットや書店で取り寄せます。そして時間を見つけては、読み聞かせをします。読み聞かせした本は大人気になります。そして、子どもたちがすすんで本をもってきて紹介をしてくれます。
　教室での読み聞かせは、年間30～40冊くらい。学級文庫の本を貸し出したりしているので、私のクラスの読書量は学校で一番多いです。クラスで年間1000冊をいつ超えられるかを楽しみにしています。
　「私、本が嫌いなんです」というお母さんには、こうお願いしました。
　「お母さんやお父さんが、読み聞かせするのが良いのです。できないなら、せめてテレビの音を小さくするとか、本を読んでいるお子さんをうんとほめてあげてください。お母さんは読めなかったけれど、あんたは偉い！って。

遠足で見つけた蔦の絡まる小屋。「『11ぴきのねことへんなねこ』とおんなじや」と大喜びの子どもたち。読み聞かせしていてよかった！

あとは、『おもしろい本があったら、お母さんにも教えてね』って、たまには目を通してみてください。お母さんだったらすぐ読めますから」
　あるお母さんは、本を読むわが子をひたすらほめました。保護者の方が変わると、子どもがどんどん変化・成長していきます。読む習慣がついてくると、いっぱい質問をするようになりました。世界が広がっている証拠です。

　朝の会に「読書タイム」などが設定されている学校では、ボランティアで保護者の方に呼びかけると、協力してくださる方（お話お母さん）が何人かいます。その時間に来ていただいて、読み聞かせをしてもらいます。
　発達障害と診断された子のお母さんが、途中で歌を歌いながら読み聞かせしてくれた『ラブ・ユー・フォーエバー』（作・ロバート・マンチ　絵・梅田俊作　訳・乃木りか／岩崎書店）の本のときは、聞いていたその子も、周りの子も、教師も、涙、涙の時間になりました。

５ 保護者と手をつなぐ

◆ 保護者への連絡

　入学してしばらくすると、この子はそのうちトラブルを起こしそうとか、いずれ保護者と連絡を取らなければ……と思う子が何人かわかってきます。その子については、様々な活動をさせながら、先にがんばった情報、良い情報をメッセージとして保護者に送ります。

　「今日書いたノートにはとても丁寧ないい字があります。ぜひ見つけてほめてあげてください。汗だくで掃除しているので感心しています」

　「今日ケンカをしましたが、今までは謝れなかったのに、今日は最後に謝ることができました。謝るというのは勇気もいるし、自分を変えることだから、たいしたことなのです。それができたのは大きな前進です」

　そんなメッセージを送ります。そうすると、ケンカしたのにほめられたというので、先生は敵ではないということがわかって、保護者の方も心を開いてくれますし、いざ何か問題が起きたとき、とても話しやすくなります。

　一方、どうしても忘れがちになるのは、おとなしくて目立たない子です。そういう子たちは、当番やそうじがしっかりできたり、真面目にものごとを考えたりするので、仕事を手伝ってもらうようにします。

　そうすると対話もできるし、ほめることが見つけられるので、「助かりました」「給食の仕事が上手ですよ」と伝え、「おうちでもよくお手伝いをしてるんでしょうね」って、家の様子を聞くように問いかけます。すると、

　「ありがとうございます。なかなかうちの子、ほめられることが少なかったんですけど嬉しいです。実は、家でもよく弟の面倒を見てくれてるんです」と、私の方でつかんでなかったことがわかったりします。

　「お母さん助かりますね。またおうちでのエピソードを教えてくださいね」

第Ⅰ章　子どもを知る、子どもをつなぐ

と返したら、次からは保護者の方から積極的に連絡してくれるようになります。みんな、同じようにわが子は特別に大切にされたいはずです。

◆ **家庭訪問**

最近は、学区の関係で家庭訪問がないところもありますが、あっても個別に割ける時間がとても短いです。実質10分くらいでしょうか。そのためにわざわざ仕事を休んだり、家を掃除して待っていてくださる方もいます。

私は、少しでも多く子どもの様子・特性をつかむいい機会になるよう、下のようなアンケートを先に渡します。

「家庭訪問のためのアンケート」（まえがき略）

①家に帰ってから遊ぶ友達〔　　　　　　　　　　　　〕
②習い事（・あり　・なし）〔　　　　　　　　　　　〕
③お子さんの長所・得意なこと〔　　　　　　　　　　〕
④今夢中になっていること、好きなこと、興味のあること
　〔　　　　　　　　　　　　　　　　　　　　　　〕
⑤習慣のついていること（・自分で起きる　・洗顔　・歯磨き　・排便　・読書　・机に毎日向かう　・体を動かして遊ぶ　・手伝い）
⑥お子さんの気になるところ、学校で配慮してほしいこと
　〔　　　　　　　　　　　　　　　　　　　　　　〕
⑦これだけは大事にしているという家庭の教育方針や我が家のルール
　〔　　　　　　　　　　　　　　　　　　　　　　〕
⑧そのほか（水かけ遊びや、水に顔をつけることはできますか）
　〔　　　　　　　　　　　　　　　　　　〕……プール事前調査

保護者の中には、先生が来ると、わが子のできないことばかり言うという人もいますし、子どもの一面しか見てないというケースもあります。そこで、長所や心配なことを両方書いてもらい、家庭訪問に行ったときにいただいて、それをもとにお話します。

例えば「手伝い」にマルがついている方には、「どんな手伝いさせていま

すか」と聞くと、ご飯まで炊いている子がいてびっくりしたりします。短い時間でも、家庭での様子が見えてきます。もちろん中にはそんなことさせたことがない、食べたら食べっぱなしという子もいますから、そういう情報は学級懇談会などで話題にして交流すると、お母さん同士学び合えるので、これはのちのち別の形で生かすことができます。

　家庭訪問のときの話題ですが、庭に花が咲いていたら「お花がきれいですね」。熱帯魚がいると、「いいですね。これ、お母さんの趣味ですか？」「これ、パパの趣味なんです」「子どもが世話してます」などと話題になります。ディズニーランドの写真がいっぱいあったら、「あ、ディズニーにはまってます？」と言ったら、「当たりです。結婚する前からディズニーランドでした」なんていう返事が返ってきたりします。

　写真が飾ってあったら、「お母さん、写真見せてくださいね」と、必ず見せてもらいます。目に見えるところに置いてあるものは、必ずその家で大事にしているものです。幼稚園のころの作品だとか、子どもの絵や習字が貼ってあったり、おじいちゃん、おばあちゃんとの写真があったり、子どものコーナーを作っている家もありました。お父さんの趣味の電車のコーナーの横に手作りの宝箱があって、貝殻だとか、びんのふた、ガラスの欠けたものなんかを並べてある。「これ子どものコーナーです」と。

　そういう光景を見たら、そのおうちがどういう教育をしているかだいたいわかります。そうやって、家庭訪問に入っていきます。ぐっと近づき、リラックスできます。

　※ わかりにくい家は、当日までに下見する。
　※ 見えるところにあるものは、その家で大事にしているもの。
　※ アンケートをもとに、話題をつくる。（家庭の子育ての工夫を知る）
　※ 折りたたみ時計――両者に見える所に置き、タイマーをかけておく。

第Ⅰ章　子どもを知る、子どもをつなぐ

◆ 学級懇談会

　学級懇談は、私の学校の場合、1回目はあまり時間がないので、今日の授業の見所だとか、掲示物の見方などについて書いたものを渡します。2回目以降、4月、5月を過ぎると、だんだんトラブルも起きてきます。そんなときは、こんな話をします。

　「友達同士の関わり合いができてくると、必ずトラブルが起きますから、そういうとき、驚かないでください。いじめられたとかと言って泣いて帰っても一喜一憂しなくて大丈夫。そういうことがあったら、『うちの子もやっと人とつながりだしたか』と思って、お母さんはどーんとかまえていてください。人の言いなりになっている子や、考える力のない子、自立していない子は、トラブルになりません。意見と意見がぶつかり合うからトラブルになるのです。『ぼくがこう思ってたのに、こんなん言うてん』っていうのが積極的に関わろうとしている証拠なので、喜ばないといけない。トラブルもなにもないようだったら、逆に心配してください。

　でも、話だけはよく聞いてあげてくださいね。うまく話を引き出してあげたら子どもはそれで落ち着いて、問題はだいたい解決します。それでもどうしても気になるようだったら、そのときは学校に知らせてください。ただし、そのときは、『これこれこうだと、子どもは言ってます。でも私は見ていないので、先生、よく聞いてやってください』って書いてくださいね。

　トラブルはたいてい大人が見ていないところで起きます。子どももうまく説明できないし、自分に都合のいいことしか言いません。『首を絞められた』と親に言ったのですが、相手の子に聞くと、『遊ぼうぜ』って肩を組んだだけだったとか、そんな行き違いもあります。とにかく、まずはじっくり話を聞いてあげてほしいです」

　そういうとき、うちの保護者の間で流行っている〝魔法の言葉〟というのがあるんです。それは「へえ」「そう」「まあ」というあいづちです。「それで？」「へえ！」「まあ！」「そう、悔しかったね」「それで？」……。

　そんなふうに共感する言葉をどんどん言って、うまく話を引き出してあげ

たら、子どもは自分で「あした言うてみるわ」って、自分でしゃべって、自分で考えるはずです。（えっとね、うんとね……という「文脈形成力」も育ちます。）

　そして、私の場合、どの懇談会に来ても、必ず子育てに役立つ資料を持って帰れるというように何かを用意します。「お手伝い」を交流したり、学年で「子どもたちがよその家を訪問するときのルール」をグループで話し合って作ったこともありました。身近なことなので、とても盛り上がります。

◆ 個人懇談――家庭の役割

　個人懇談で注意したいのは、親子の関係が悪くならないようにするということです。**親を、子どもを叱らせる立場にしないということです。**

　例えば、担任の先生から「お宅のお子さんは宿題を7割くらいしかしてきません」と言われ、「なんで今ごろ言うんですか！　今から帰って子どもを叱かれって言うんですか」と、保護者が憤慨したという話があります。

　子どもにそんな問題があるのなら、どうしてそのときに言ってくれなかったのか。「計算はできるけど、文章題はできません」なんて、親がそれを聞

いたところで、「うちの子、アホですか？」と言うしかありません。そんなふうに言われたら内心、「そんなこと、親だから分かってる。先生はどう指導してくれたの？　家でどうしたらいいの？」って思うはずです。できてないことを学期末に言われても遅いのです。

　じゃあどうするかというと、子どもができてないことについては、子どもの責任でない場合が多いので、早めに知らせることです。忘れ物が多い子がいたら、がんばってる様子なんかも書きながら、「ちょっと気になっていることがあります。忘れ物が多いのですが、おうちでの様子はどうですか？」とか、「ちょっと見てやってもらえます？」と伝えます。

　そうすると、だいたいは懇談がある時期までには改善していますので、「おかげさまでよくなりました」と言うと、「すいません、先生」と返してくるので、「やっぱりお母さん、ときどき見てくれはったら違いますね」「でも以前はこんなことなかったのに、どうしたんやろね」って言ったら、「実は、主人がリストラに遭って、私も働き出したんです。それで子どもの相手も十分できてないんです」という思いがけない深刻な話が聞けたりします。

　子どもができていないことについては、家で何をしたらいいか、具体的に「これをさせてみませんか」「これだったらできますか」ということを伝えます。

　お手伝いをすることで、手先も動くし、段取りの力もつく。片付けが苦手な子というのは、物・時間・空間の管理がうまくできないということですから、活動や体験を増やせば増やすほどいい。それは、習い事のサッカーやピアノだけでは身につかないことです。（低学年ですから、お手伝いと言っていますが、いずれは「家事労働」と位置づけて、大事に体験させていきたいものです。）お手伝いをたっぷりやらせてもらいます。

　私は、「**家庭の役割というのは、生活を教えることです**」というのを、1年生から6年生まで一貫して伝えています。生活の力をつけるということは、生きていくすべての土台・基礎をつくるということです。生活力をつけてもらう方法を考えてもらいます。

コラム

我が家でやらせたお手伝い
―― 1学年学級懇談会〈グループ懇談〉資料

　下記の事例は数年前、保護者の方から聞いたものです。先輩の保護者の方は、1年生にこんな仕事（手伝い）をさせていました。家庭やお子さんの実態に合わせて、できるところからさせてみましょう。♥印はお家の人の声です。

〈朝起きたら〉
　＊新聞を取り入れる、新聞を新聞入れに片付ける。
　＊朝掃除をする＝玄関、家の前の道路、フローリングの掃き掃除。
　　♥家の前の掃除は、道行く人にほめてもらえます。
　＊おうちの人の靴磨き
　＊玄関の靴やスリッパの整頓
　＊生き物の世話＝えさやり、犬の散歩など。
　＊朝食作りの手伝い＝食器、テーブルふき、もりつけ、必要なものを出す、料理、食べた物は流しに運ぶ。
　＊ゴミだし＝ゴミの日
　＊生ゴミを三角コーナーから取る。
　　♥一番汚いこともどんどんやらせました。それが生活することだから。

〈そのほか〉
　＊料理（♥マイ包丁を持たせています）＝おかずやご飯の盛り付けまで。簡単な料理ができるように。※エプロンなども1人前にそろえてやること。
　＊炊飯器でご飯をたく（お米を研ぐのが、一番難しいです。）
　＊食器洗い＝食洗機の使い方、食器ふき、食器かたづけ。
　　♥自分でした方が早くて綺麗だけど、我慢してさせました。後で、洗い直しましたけれど（笑）。
　＊掃除＝掃除機、窓拭き、モップ、ぞうきんがけ。
　　♥だんだん、準備から片付けまでできるように教えました。
　＊洗濯＝洗濯物の出し方、洗濯機の使い方、干すときの手伝い、背の届く所の取り入れ、洗濯物のたたみ方、家族の衣類を分ける。

第Ⅰ章　子どもを知る、子どもをつなぐ

　　♥しわの伸ばし方、種類わけ、干し方の工夫などを覚えました。
＊買い物＝食品や日用品の選び方。(牛乳やパン、肉なども我が家のこだわりやメニューによって肉の種類が違うこと、♥できるだけ子どもに選ばせて、覚えさせました。種類がとても多いので、そういう目を養うことも大切です。お菓子だけ籠に入れることはなくなりました。)
＊おやつや遠足のおやつは、値段や数の条件をつけ、自分で選ばせる。
　　♥簡単なものなら、メモをもって買い物にいけるようになりました。
＊部屋の片付け＝自分の周りから。
　　♥親がやってしまいたいのをがまんして、日を決めて、一緒に片付け方を教えながらやりました。片付けが下手なので、普段は大きな箱に散らばったものをざっと分けて入れさせました。
＊洗面所の管理・掃除・日用品の補充＝歯磨き・手洗い石鹸・消毒薬・タオルの取替え・歯磨きの後、洗面所を簡単に洗うこと。トイレットペーパーやティッシュ。なくなりそうなものは買いに行くか、親に報告すること。
　　♥はじめは「お母さん、紙ない」でしたが、トイレットペーパーの取替えまで自分でします。「そろそろ、買っといた方がいいな」なんて言いながら。
＊アイロンかけ＝ハンカチ・ナフキンは自分で。
　　♥はじめは火傷もするけど、2〜3回したら気をつけるようになりますよ。
＊布団干しの手伝い
　　♥急な雨が降ったとき、遊びから飛んで帰ってきました。「布団と洗濯物がぬれる」って。そんなこと、やらせるまで気付きもしませんでした。
＊花の水やり
＊車洗い
＊お風呂掃除

　先輩の保護者の方は、いろんな工夫をして「家の仕事をやらせること」が、子育てに大切だと思ってやらせてきたのですね。我が家なりの工夫がまだまだありそうです。
　また「1歳年を重ねるごとに1人前に近づくわけですから、誕生日のたびに、一つ仕事をプレゼントしている」という家庭もありました。7歳なら、7つぐらいは見つけられそうですね。(新居)

コラム

おうちの人に読んでもらえる連絡帳

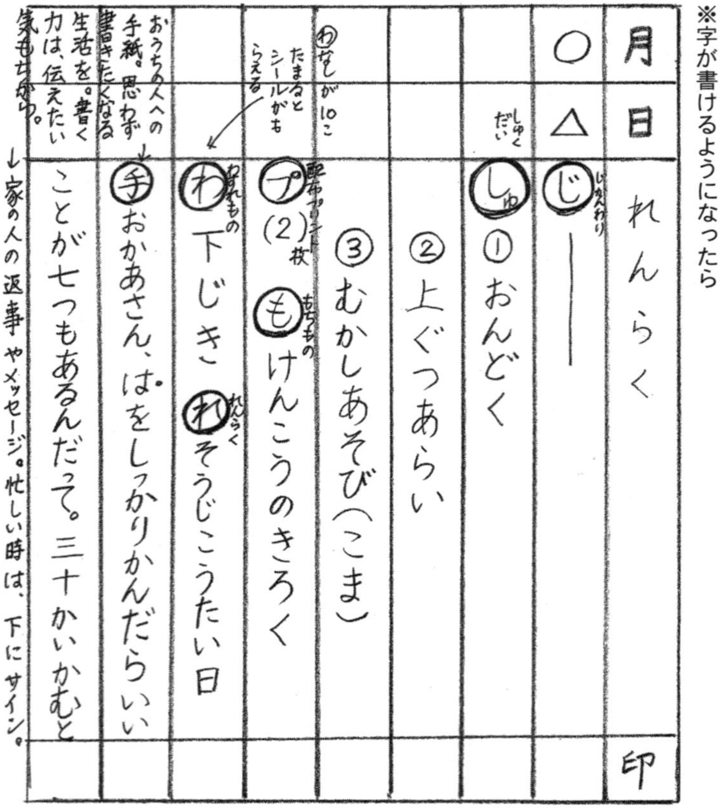

※字が書けるようになったら

月日	れんらく							印
○	じ—							
△	しゅくだい							

（縦書き記入例）

- ①おんどく
- ②上ぐつあらい
- ③むかしあそび（こま）
- ㋵（2枚）㋲けんこうのきろく（プリントが1こ、たまるとシールがもらえる）
- ㋻下じき ㋹そうじこうたい日（わすれもの）
- ㋳おかあさん、はをしっかりかんだらいいことが七つもあるんだって。三十かいかむと生きる力は、伝えたい気もちも。（おうちの人への手紙。思わず書きたくなる生き生きした先生を。書く力は、伝えたい気も共に。）
- ↳家の人の返事やメッセージ。忙しい時は、下にサイン。

　連絡は必要な項目だけ書きます。お勧めは、保護者向けの「手紙」の欄を設けること（注・㋳と書いてある欄）。伝えたいことを子どもが書き、保護者には返事〈忙しいときはサイン〉を書いてもらいます。手紙があるので読んでもらえます。「今日、班替えしたことは書いてね」と頼むと、学級通信の代わりにすべての家に連絡が行きます。子どもは大抵ハッピーなことを書きますので、家庭に安心と話題を届けます。ふだん叱ることの多い保護者も、ここには前向きのメッセージを書いてくれます。親子の交換ノートのように、豊かな交流をしている家庭もありますよ。

第Ⅱ章 楽しく学ぶアイデア

―― 子どもたちが引き込まれる授業の工夫

図工で作った「ニョロニョロバァ」のお面。頭の上や口からビニール袋が飛び出します。

1 話すこと・聞くことを たっぷりと〈国語科〉

◇ ひらがなを読み書きする前に

　１年生の国語の授業というと、まず思い浮かぶのは「ひらがな」の読み書きです。今は、たくさんの内容を教えなければならないので、１日に一文字ずつひらがなを教えたり、ゆっくり「言葉集め」などをする時間がとれないのが悩みではないでしょうか。教えることが多すぎます。

　それでも、１年生の子どもたちには、書くことの前に自分が経験したことを話したり、友達の話を聞いたりする時間をたっぷりと取りたいものです。

　１年生を担任したとき、「お話テレビ」をしました。これは、大きめのダンボール箱をくりぬいた簡単なものです（右ページ写真）。座席にいる子どもが、手作りのスイッチを「ピッ！」と押すと、テレビ放送のはじまりです。そして、テレビの画面でお話しするのです。こんなちょっとした仕掛けで、子どもたちは、「出たい、出たい」と言います。

「土曜日に、おばあちゃんちに行きました。そして、おばあちゃんの畑の野菜をいっぱいとりました。きゅうりはぐにゃっと曲がっていました。きゅうりを畑でかじったら、おいしかったです」

「へえ〜」「いいなあ」と聞き手から思わず声が出ます。教師はアナウンサーです。

「なるほど。それは良かったですね。どんな音がしましたか」

「ポリポリっていいました」

「ポリポリやって〜！　おもろいなあ」

　というふうに反応が返ってきました。そこで、アナウンサーが、

「たかしさん、ありがとうございました。それでは、テレビを見ているみなさんの中で、畑で野菜をとったことのある人はいませんか」

　と言うと、同じような体験をした子が集まってきます。生き物を飼ってい

第Ⅱ章　楽しく学ぶアイデア

「おはなしてれび」。教師はアナウンサーです。

る子も多いので盛り上がりました。4月にはたった1文しか発表できなかった子が、1年生の後半には、次のように語り、作文を書けるようになりました。

　「ぼくの家の金魚は、赤い金魚です。4匹います。餌をやると大きな口を開けて『パクパク』ってしながら集まってきます。そして、すぐ食べちゃいます。だから、ぼくがもう1回やったら、また、あっという間に全部食べてしまいます。ぼくは〈どんだけ食べんねん！〉と思って、またやったら、また全部あっという間に食べました。〈えらい食いしんぼうやなあ〉と思ってじいっと見たら、やっぱり、ゆで卵みたいな形の『でぶ金魚』になっていました。〈そりゃあ、餌全部食べたら太るわ〉とあきれています」

　発表のとき、子どもたちはじっと耳を傾けます。そして、「かわいい」と大笑い。自分の生活と照らし合わせているのでしょう。「話している人を見ること」と言わなくても、聞くに値する話があれば聞けるのですね。

　話す場の設定は、自分の生活を語る場をつくることでもあるのです。

　子どもたちは、お互いの生活を知り合います。そして、語りたくなるような生活体験を、家庭や学校でつくりだしたいものだと改めて思うのです。

2　1年生の発達とひらがな

◆ どの順番で教えるか

　1年生の特性・発達段階を考えると、1年生の授業についてはできるだけ具体物、それも印象に残る、目を引くような教材や題材であること、できるだけ体を使うような活動を取り入れることが大事だと思っています。

　国語の場合、まずひらがなの清音を学んでいくわけですが、読むことについては、最初に音読や言葉遊び、群読などをさせます。読めない子も聞いて、声を出して、読み方を覚えていきます。記憶して読める気になります。

　文字の書き方については、あいうえおの「あ」から教えるところもありますが、「あ」という字はかなり難しい。どうしてかというと、右回しの線がある文字で、手首を回して書かなくてはなりません。「の」「め」「わ」「ね」なども同じですが、1年生ではまだ手指の発達が不十分で、手首が硬い上に指の発達も未熟な子がいます。またすでに自己流の鉛筆の持ち方をしている子が多く、左や右に手指をまわして書くひらがなは書きにくいのです。

　また、絵を描かせてみるとわかりますが、形の認知がまだ弱い子がいます。だいたい入学するまで（5～6歳頃）に「三次元の世界」（前・後ろ・横、地上・地下・空、現在・過去・未来）がわかりだしますが、ゆっくり発達している子もいますので、三次元の絵が描けない子、文字の形をとらえることができない子がいます。ところが、ひらがなというのは曲線ばかりで、形がとりにくい。鏡文字ができるのも、幼児期後半ごろの発達のつまずきがあるのだと思います。

　どの順番で教えるかについては、「あいうえお」の順番に教えるところ、教科書に出てくる順番に教えるというところ、それとは関係なく筆順の少ない順、あるいは形の簡単なところから教える学校もあります。私は、学年で

第Ⅱ章　楽しく学ぶアイデア

相談もしながらですが、似たような字はそろえて教えた方が効果的かなと思っています。

　例えば「わ」を教えたら、全く違う「な」などを習うのではなくて、「れ」「ね」を教える。「の」を習ったら、「め」と「ぬ」を教える。「に」を習ったら「け」「は」「ほ」というふうに関連づけてやると、とびとびですけど、手の動きがよく似ているので、子どもたちは簡単にクリアできて、たくさん書けたような気になります。その辺はいろいろ工夫が必要かなと思います。

　画数の少ない「つくし」などが、書写の最初に登場しますが、「く」は、6歳ごろのひし形が書ける力がいるので、発達のつまずきのある子どもにとっては、とても難しい課題です。手首が固いと「つ」も途中で止まってしまいます。簡単ではないですね。

　ひらがなの文字は、枡を4つに分けた小さい黒板（右の図）で教えました。枡を利用して線の位置関係・線の長さや傾き・筆順などを教えます。「よこピー・たてピー・くるっとまわって『あ』ができた」とか、「いこう　いもほり　いいてんき」など、言葉遊びや文字の形を表現する「唱えながら書いていく」方法が、1年生には分かりやすいようです。

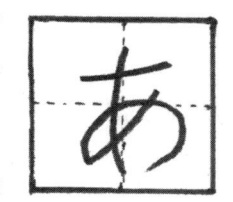

　習っていくうちに、あるときから急に文字の形がとれるようになる子がいます。それはやはり、たくさん練習したり、絵を描いたり、いろんな活動をする中で、そういう力が備わってきたのだと思います。子どもによって時期が違うのですが、そんなとき、こちらもびっくりします。それは1年生をもっている醍醐味というか、おもしろさですね。

　鉛筆の持ち方も、大切な指導なので、補助具を使いました。すでに、持ち方に癖（親指が上に出る持ち方など）がある子が多いので、1年生の間に正しい持ち方を身につけさせたいものです。持ち方が悪いと形がとりにくかったり、書くスピードも調整しにくくなるそうです。持ち方はこの時期にしっかり身に着けないと、なかなか修正できません。

　姿勢は「グー」（机とおなかの間はグー）「ペタ」（足はペタッとつける）「シャン」（背すじ）。左手指は閉じて、ひじを机に乗せないのがコツです。

◆ 粘土で「あ」、最後に「ん」のペンダント

　子どもたちにとって、「あ」を書くのはとても難しいのですが、その「あ」が書けたら、私はご褒美もかねて図工の時間に、粘土で「あ」を表現させます。

　油粘土で細く紐を作り、粘土板いっぱいに「あ」という字を書くのですが、これが子どもたちにとってはなかなか難しい。まず2画目のたてカーブが難しい。

粘土で書いた「あ」、完成してみんなニコニコ。

3画目は、まず左下にさがり、次に斜め右にあがり、カーブを描いて下がるのですが、そのカーブがぐにゃっと曲がってしまう。それも全部斜め斜めなので、ぐるっと回すのが難しく、まるまる1時間かかります。

　難しいのは文字だけではなく、粘土で細い紐が作れない子もたくさんいます。手指の発達でいうと、粘土で紐を作ったり、お団子を作ったりする力は、入学までにつけて欲しい力なのですが、そこを通過してない子が何人かいて、粘土をただぎゅうぎゅう握るだけ。そこからの出発なので、とても苦労します。みんなができたら、記念撮影。粘土板いっぱいの「あ」という字で、「これが、ひらがな50音のスタートです」という意味です。「あいうえお」の歌を歌って、50音の並び順も覚えました。

　清音の最後に「ん」を習ったあと、紙粘土で「ん」という字のペンダントを作ります。

　「ん」という字もなかなか形をとりにくくて、最初の線が斜めで、次も斜め、さらにグニョっと曲げてはらう。これも、難しくて、まるまる1時間くらいかかります。大きさは10センチ四角くらい、粘土の上にクリップを挟んでおいて、乾いたら、「これで清音の学習を終わります」ということで、

「ん」のペンダントのできあがり。紐につけておうちへ持って帰ります。

　子どもたちはこれに紐をつけて、ペンダントにしておうちへ持って帰ります。これが、とてもかわいいんです。
　ここでなにが一番困ったかというと、ほとんどの子が紐を結べなかったことです。クリップに通すことはできるけれど、紐を結ぶ機会はふだんおうちでもほとんどない。結んでいるうちに短くなってしまって、頭が入らないとか、もつれてしまったりします。
　でも、そういう活動をやらせると、子どものできること、できないことが見えてくるので、お互い助け合いながらやって、みんなで「ん」をぶら下げて意気揚々と帰りました。おうちの人は大抵笑って喜んでくれます。

◆「UFOてんてん号」──濁音を教える

　濁音を教えるときには、子どもたちの意表をつく楽しい演出をします。「UFOてんてん号」と名付けています。素材は百均で買ったざるとボールのセット、そこにモールやラメのシールを使って目玉を描き、かわいい手をつけて、頭頂部をゴムで結び、長い棒の先にぶら下げます（61ページ写真）。前日に、「明日はUFOがやって来るよ」と予告しておいて、その時間にな

ると、「みんなで呼んでみよう！」って呼びかけます。
　みんなが「てんてん号！」って呼んだら、そこに「びよーん、びよーん」ゴムが伸びて「びよよよよよ〜ん」とドアから入って来る。もうそれだけで子どもたちは大喜び！
　棒は、自在ぼうきの柄の部分です。「先生が棒で持ってる！」なんて言う子もいます。もう一方の手に、私はマイク型の変声機を持っているのです。その変声機を使うと、ロボットみたいな声になるので、
　「ワタシは、**ざる**の惑星からやってきた、てんてん号！」
　「ワタシが触ると、ひらがなに、みんなてんてんがつくよー」
と言って、点々をつけていきます。黒板に書いてあるのは、まどみちおさんの詩で「おさるが　ふねを　かきました」。これはみんなで音読をしていたものです。この詩は清音の多い詩で、前もって探しておいたものです。
　「ふねでも　かいてみましょうと　おさるが　ふねを　かきました」という清音の部分に「てんてん号」が触ると、「ぶねでも　がいでみまじょうど　おざるが　ぶねを　がぎまじだ」となります。

　もう一つ、とっておきの教材は、子どもたちの名前です。
　「わだしがざわると、みんなでんでんがづく〜」と言いながら、子どもたちの頭の上に、ゴムで「ビヨヨヨヨーン」って、全員順番に点々をつけていってやります。
　「だがばじげいじざん」「おぐだびなだざん」「ぐぼがなざん」……。
　１年生ってとってもかわいいです。自分の名前がどうなるかわからない。だからわくわくして待っている。「来てー来てー」と叫んだり、自分のところへ「てんてん号」が来ると喜んで手を出して触ったり、教室は大騒ぎ。名前にいっぱい点々がつく子は「いいなあ」ってうらやましがられるけれど、１つくらいしかつかない子はがっかりする。
　そこで、濁音の表を見せて、「残念ながら、まゆさんにてんてんがつかないのは、『ま』と『ゆ』には点々がつかないからだよ。点々がつく字と、つかない字があるんだよ」っていうことを教えます。
　この日は「てんてん号」の時間を４時間目に設定しておいて、給食のとき

「ぴよよよよよ〜ん」とドアから入って来たてんてん号、「さわらせてー！」

にも「ぎょうのぎゅうじょぐは……」と言って、出てきたメニューに全部点々をつけて遊びます。「ぼうれんぞうのおびだじ」「ゴロッゲ」「グリームジヂュー」……

　宿題も、今日は濁音で読むのと、清音で読むのと両方が課題です。そして帰りの挨拶も、「ぎょうのじゅぐだいは、いえにがえっでも、でんでんで、おばなじずるごどでず。ぞれでは、みなざんざようなら」

　家に帰って子どもが、「だだいま」って言ったのに対して、お母さんが、「おがえり」って、「てんてん語」で返事したという楽しいエピソードもあります。こんな楽しい会話ができた家族は、どんな家庭か目に浮かびます。子ども心がわかっていますよね。

◆「ピポポ星人」——半濁音

　半濁音で名前に「ぱぴぷぺぽ」のつく子はもっと少ない。ほとんどいません。「ぱらださん」「よしぴこさん」「ぷじたさん」くらいです。半濁音は少ないことを実感します。

　この半濁音を教えるとき、「てんてん号」と同じでは二番煎じになるので、今度は私がざるをかぶって「ぴぽぽ星人」になって出て行きます。

「ぱぴぷぺぽ」を学んだ後で、小さい丸をつける文字を書く練習をします。「ぱぴぷぺぽ」の練習プリントがしっかり書けている子や、姿勢よく書こうとしている子に、ご褒美として「ぴぽぽ星人」のざるをかぶせてあげます。100円の

ご褒美の「ぴぽぽ星人」のざるをかぶって。

ざる1つでも、みんな、かぶりたいので、夢中で練習しました。大成功！休み時間も、交代でかぶって遊びました。

　このあと、「のばす音」や「つまる音」を教えるのですが、これも体で表現するようにしています。

　例えばつまる音で、ねこだったら、「ねこ」と2回手を叩きます。「ねっこ」は「っ」で、胸をたたきます。体をたたくことによって、音がないけど、音の数は一つあるということがよくわかります。

　「こまった」の「っ」が書けない子がいっぱいいます。「こっまた」とか「こまた」「こーまーた」なのか、「こまった」なのかは、体を使うとよくわかります。だから「伸ばす音」も「ようかん」なら、「よー」って、両手を胸のまえで広げる。「かん」は、2回叩く。やるとよくわかります。

　「ねじる音」は、ぞうきんを絞る動作を使うと、イメージしやすい。「ぎょ」とか「にゅ」とかに使います。体で表現すると、イメージがわくので、確かめやすいです。

◇ くっつき棒──くっつきの音「は、を、へ」

　もうひとつ、子どもたちにとって難しいのは、文章にくっつく「を」とか、「は」の使い方です。このとき、私が用意するのが「くっつき棒」です。割り箸2本分の先に「は」と「を」が裏表に書いてある札を貼り付けています（写真64ページ）。教師は1サイズ大きい物を作ります。にゅうっと大きくて、うらやましがられます。

第Ⅱ章 楽しく学ぶアイデア

「のばす音」「つまる音」の教え方

のばす音

よ	手を たたく
う	手を ひらく （のびるイメージ）
か	手を たたく
ん	手を たたく

つまる音

ね	手を たたく
っ	右手で 胸を たたく （1音あるけれど音がない イメージがつかめる）
こ	手を たたく

ねじれる音

きゃ きゅ
きょ しゅ
しゃ しょ
など

胸の前でぞうきんをしぼるように

それぞれイメージがわきやすいように動きを工夫するといいですね

ランドセルにくっつき棒の「**は**」をくっつけて、「ランドセル**は**軽い」「机**は**重い」「服**は**黒い」「先生**は**太い」「山下さん**は**、友達」という具合。「貸して〜！」とやりたがるので、「作りたい？」って言ったら、「作りたーい！」とい

割り箸で作ったくっつき棒

うので、子どもたちの手作り。割り箸1ぜん分でも満足しています。
　いくつか文を作らせておいて、「はい。号車ごとに発表してもらうから、お気に入りのところにいっておいで」と言ったら、全員、教室内をうろうろしながら、「ガラス**は**ー」とかって、大きい声で発表します。これがなかったら、「ええ？　わからん」と言ってると思うのです。

　「くっつき棒」は、画用紙と割り箸で簡単に作れます。「は」と「を」が裏表。単語のなかに入っている「わ・お・え」は、声の通りに書く。「お」って言ったら「お」と書くけど、くっつきのときだけ「を」になるというのを、くっつき棒で「くっついた」というイメージを感じながら、活動を通して学んでいきます。
　その日の宿題は、もちろんくっつき棒。「帰ったら、おうちでこれでいっぱい見つけておいで」と言うと、親子でやってくれますね。
　「ぱぴぷぺぽ」や「がぎぐげご」は、幼稚園などで習って、すでに知ってる子がいます。でも、やっぱり1年生で初めて出会った学びにしたい。
　こんなふうに体を使ったりする方法はやっていないので、子どもたちはとても喜びます。学習は、難しければ難しいほど印象的な教材や楽しい教具の工夫をしたいものです。
　◆これらの教材は、同僚や先輩から教えてもらったり、サークル・本などで見つけたものを自分流にアレンジしたものです。

第Ⅱ章 楽しく学ぶアイデア

くっつきぼう くっつきの は を

準備

教師用
は を うら

子ども用
は を うら ←割りばし

「このつくえ は」
「ぼくのつくえです」

「まど を」
「あける」

「たかしくん は」
「友だちです」

「中庭でトカゲ を」
「つかまえたよ」

65

❸ 落ち葉のふとん〈生活科〉

◆ 教師も探検する

　生活科は、１年生の場合、自分と自分のすぐ身近なものたち、季節の変化や生活について体験的に学ぶというのが学習内容です。

　生活科で一番難しいのが、身の回りの生きものや植物を継続的に育てながら観察するということです。植物でいうと、典型的なのが朝顔を育てること。種をまき、水やりをして、肥料をやって、花の数を数えて、種を採って終わり……というのが圧倒的に多い。

　しかし本当は「種から次の世代へつないでいく」ということを教えたいのですが、それがいつの間にか「朝顔を育てたらいい」というように変わってしまっていることを聞きます。そのためには、教師自身がいろいろな自然や社会に関心を持っていなければならないのです。

　若い先生が一番困っているのは、自分の学校の敷地内にどんな生きものがいて、どんな植物がどこで、どんなふうに育っていて、どういう変化をしているのかというのをあまり知らないことです。カマキリの卵や蓑虫・カエルやカタツムリの卵も、知らなければ教えられません。そこは、ぜひ、前からいる先生や、理科の先生、同学年の人に「誰に聞いたらよくわかりますか？」と言って、教えてもらったらいいと思います。

　先生同士で地域や公園の周りを見て回ったり、探検するのもいいでしょう。たいていの学校には池があったり、草花があったり、虫がいたりするので、それを見つけることは大切です。

　私自身はもともと自然に興味があり、住んでいる地域も自然の変化が非常に良く見えるところなので、道を歩いていても教材にできるものがないか、いつも考えています。そういう目で見ていると、結構発見があります。

　学校内に「アリ地獄」がある所や、カマキリが卵を産む場所、毎年カエル

が卵を産む場所がよくわかります。どんぐりも、どんな大きさのどんな形のものがあるかなど、実際に歩いてみるとわかります。

子どもたちを近くの田んぼに連れて行くと、カブトエビがいる田んぼがあったりするので見せていただいたりします。その田んぼで、

竹の子の生える小さな崖を登りきって観察する子どもたち。カマキリの卵やどんぐりが芽を出しているのを発見！

「ここに生えているもの、何だと思う？」と聞くと、「お米」「ちがうで、稲やで」「お米って、ご飯やで」「ご飯はご飯やん。お米と違うやん」

それぞれの単語は知っているけれど、目の前の草にしか見えないものが、自分の食べている白いご飯になるということに結びつきにくい。そこで、季節ごとに同じ場所に見に行くと、育っていく様子が見えたり、一つもらって皮をむいてみたら米粒が入っているのがわかったりします。そういう観察がとても大事だと思います。

田や畑探検に行く道で、よもぎ積みをしている方にインタビューしたり、畑に植えている作物の育て方を教えていただいたり。田んぼに入れてもらって「すずめのてっぽう」や「なずな」で遊んだのも大喜びでした。

学級園で野菜などを育てたりすることも大事です。紫色の花が咲けば、紫色のなすびができる。オクラの花は黄色いのに、おくらができてびっくりした子もいました。そういうことは実際に育ててみないとわかりません。

実際に育てると、ミニトマトやきゅうりなどを学校で食べることもできます。きゅうりは塩を振って食べるくらいですが、そんなときは、ふだんきゅうりを食べられない子も「食べられちゃった」と喜んだことがありました。

今は、便利な時代で、デジタル教材なんかが豊富にあるのですが、自然と切り離されて生活していると、脳がしっかり発達しないという説もあるくらいなので、子どもたちが土や泥、砂や葉っぱなどに触れたり、感じたりすることはとても大事だと思っています。

◇ 秋まつり――落ち葉の布団

　私が１年生で必ずするのは、「秋まつり」です。
　秋の材料を使った遊びをします。その中で、「落ち葉の布団」で遊ぶことを話し合って計画します。
　落ち葉は１カ月か２カ月かけて、葉が落ち始めたころから、たくさん集めておきます。毎日門通路を掃除をしている校長先生や校務員さんから分けていただいたり、子どもたち自身が集めたりします。その「落ち葉の布団」にもぐったり、触れたり、投げたりする体験をさせます。
　はじめは落ち葉に寝転がることができなくて、手でそっと触っているだけの子もいるのですが、そのうち慣れてくると、「わあ！　あったかーい」とか、「かゆい」とか、「パリパリって音がする」とか興味を示します。
　おもしろかったのが、袋に入れて保存していた葉を「落ち葉の匂いを感じてみよう」と言って、袋に鼻をつけて匂いを嗅いだら、「あまい匂いがする」「なんの匂い？」「さくらもちの匂いや」「ほんまや、ほんまや」って大喜びでした。桜並木の横の学校ならではの体験です。
　桜の葉っぱというのは、枯れても落ち葉になっても、桜もちのようなあま〜い匂いがするのです。それで、家に帰って一番に言ったのが、「さくらもちのお布団に入ったよ」。「落ち葉の布団」は大人気でした。
　そういった取り組みは、やる前に石が混じっていて危険ではないか、必ず調べます。感覚過敏の子や自閉圏の子たちは触れることを嫌がるかもしれません。遊びに慣れていない１班から始めたら、足でこちょこちょやる程度だろうな、はめをはずしそうな３班からやらせた方が、遊びがおもしろくなるな……などと、いろいろ分析や配慮をしておくのです。
　そうすると、初めから３班が大胆に飛び込んで、そのもぐりこんだ姿を見て、みんな安心して参加することができます。「抵抗のあるたっ君が、最後には、枯葉の雨の中に入れた」などと成長を確認できたりします。

　「秋まつり」では、どんぐりを使って、「どんぐり人形」を作ったり、大きな葉っぱを集めて穴を開けて「お面」を作ったり、「ファッションショー」

秋まつり
子どもも教師もわくわく

落ち葉の布団は「さくらもちの匂い」がする

紅葉や木の実で書いた看板

どんぐりゴマとやじろべー

おみやげコーナー「どれにしようかな……」

いちょうや木の実、木の葉のおみやげ

「はてな箱」の中には何が入っているかな？　　　　苦労して集めたオオオナモミの「的当て」

をしたり、松ぼっくりの「けん玉」や「ツリー」、「どんぐりパチンコ」を作ったりします。

　オオオナモミというトゲトゲのくっつき虫（種）がありますが、これも見つけて「的当て」をしました。落ち葉を組み合わせてラミネートをかけて「しおり」を作ったり、「どんぐりのコマ」「やじろべー」も作りました。

　「はてな箱」の中には、秋のものが入っています。「なんでしょう？」って手を突っ込むと、柿、栗、松ぼっくりなどが入っていて、その名前を当てる。ブラックボックスですね。子どもたちは本当に喜びました。

　（秋まつりの様子は「学級通信」132～133ページ参照）

　「秋まつり」は期間を設けて準備をしていきます。
　これらの材料を集めたりする活動は、子どもも教師もとてもわくわくします。子どもたちが地域で待ち合わせをして、いっしょにどんぐりや松ぼっくりをさがしたりしていました。そんな活動の中では、地域のことをよく知っている子が大活躍です。こうして、出会い直しや新たなリーダー候補が見つかったりします。地域に目を向けることもできました。
　私も地域を回って探したり、ジョギングしている人に聞いたり、保護者に頼んだりします。すると大きなどんぐりが見つかったり、諦めていた松ぼっくりを何組かの親子が探しに行ってくれて、たくさん集めて「あったよ！」って持ってきてくれたりしました。活動が、地域に広がっていきました。（地域で見つけた松ぼっくりは、クリスマスツリーにできました。）
　取り組みをすれば、子どもの生きる世界は広がりつながっていきますね。

◆ 昔遊び

　もう一つ、生活科でやったらいいなと思うのが、「昔遊び」です。
　生活科の中に「おじいちゃんやおばあちゃんに教えてもらおう」というのがあります。昔の遊び道具というのは、こちらから働きかけないと動かない。でも、働きかければ働きかけるほど、一つひとつ技が身についていくのがわかるし、道具を使うものは手指も発達するし、集中力がついてきます。興奮しているときのあやとりなどはクールダウンにもなります。
　おはじき、コマ、けん玉、お手玉、あやとり、めんこ、すごろく、地面を使ったＳけん、うずまきじゃんけんなどは、塾では習わないことばかりなので、みんなスタートが一緒です。手指をバラバラに動かしたり、体やひざの屈伸のリズムを利用したりします。
　「ふみきりカンカン」（左右の手指を交互に開いたり閉じたりする）という遊びは、発達のつまずきがあるとうまくできませんが、お手玉をしているうちにできるようになった子がいました。取っ組み合ったりぶつかり合ったり、ぐるぐる回るだけですが、子どもたちを夢中にさせます。身体接触の伴う遊びもこの時期には、十分体験させたいものです。

　そういうものをどんどん持ち込んでいくと、「興奮」と「抑制」のバランスも良くなっていくような気がします。地域の高齢者の方との交流もできるし、親子のつながりもできる。技ができると、子どもたちはどんどん喜んでやりますし、ふだん活躍できないようなおとなしい子が、あやとり名人になって、教える先生になるなど、隠れた一面が見えてきます。
　学童保育に行っている子は、コマやけん玉はとても上手ですね。紙皿の皿まわしも人気がありました。

　１年生は、コマ作りを図工の教材にしてもいいですね。昔のコマ袋（遊び袋）を用意してもらって、その中に、おはじきやコマやあやとり紐を入れて、教室にぶら下げておきます。昔の遊びを宿題にすると、いつも計算カードなどでしんどい思いをしている子たちも大喜びです。

コマは紐が巻けるというのがまず最初の関門で、紐が巻けたらもう回ったようなものです。そういうのも、若い先生は自分ができなかったら、できる人を探す。困ったらやめるんじゃなくて、開拓していったらいいですね。「今日は校長先生に教えていただきましょう」とか。地域の高齢者や校区の福祉委員さんに来ていただいて教えてもらい、交流会をして、一緒に給食を食べる取り組みを、私の学校ではしています。

　「すごろく」がいいのは、技がいらないことと、偶然で勝てるところ。私は、ＰＴＡの懇談会だとか、子どもの学活ですごろくを利用します。項目をうまく変えて、「行ってみたいところ」「ここで一曲好きな歌を歌う」「自分の家で飼っているものを発表する」「今までで一番の大けが」「できるようになりたいこと」など。そうやって子どもが知り合うきっかけになります。

　保護者会では、「わが子のいいところ」「わが家のこづかいは？」「やっぱり、わが子だなあと思ったエピソード」とか、なごみます。

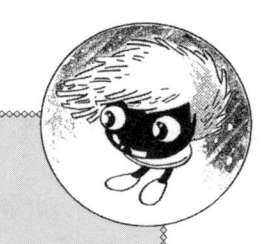

4 冒険遊びのすすめ
〈体育・運動場〉

◇「あらいぐま大将と 26 ぴきのねこ」

　教室で『11 ぴきのねこ』(馬場のぼる／こぐま社)シリーズを読んだ後のことです。体育の時間に、「今日は『あらいぐま大将と 26 ぴきのねこ』をします！」と宣言します。(あらいぐま大将というのは、私のことで、26 ぴきのねこが子どもたち。)子どもたちは「なになに？」と言って、興味しんしん。運動場の隅に、船のような網をのぼっていけるアスレチックがあるので、それを指さして、冒険のスタートです。

「あそこにあるのは海賊船だ！　さあ、みんなで泳いで行こう」
　大将(私)が泳ぐ真似をして進んで行くと、子どもたちも続きます。
「大きな船だ。みんな、上にのぼれー！」
　そう言ったら、みんながロープ網をよじのぼっていく。
「遅れてるやつがいるぞ。あぶない、みんな助けるんだー！」
　網ロープによじのぼることなんか、ふつうにやったら怖がって動かない子も、「助けて～」などと言いながら、その場の勢いでできたりします。
　子どもたちの「できてしまった」という言葉、いいですね。冒険遊びは、不安や躊躇する心を自然に乗り越えさせる力を持っているのでしょうね。このクラスは、全員できてしまいました。
　みんなで上の横柱にまたがって(マストにのぼったイメージ)大海原を進んでいきます(イメージの共有)。アスレチックの前には、タイヤとびができるように、古いタイヤが埋めてあります。
「荒波がやってきた、あぶない、船が沈没するぞー」
「船から降りて、波を乗り越えて行くぞー」と言って、タイヤとびをして見せたら、真似をしたり、足で乗って飛び降りたりしながら、26 ぴきのね

こたちが続きます。次に子どもたちの背より大きなタイヤがくっつけて埋めてあるタイヤトンネルへ。

「秘密の洞窟に着いたぞー！」

タイヤのトンネルの中をくぐって、出たら、子どもより背の高いタイヤトンネルにみんなでよじのぼって、またがって、歌を歌います。秘密の宝の地図を洞窟で見つけて（仕込んでおく）みんなに見せます。大将が叫びます。

「宝の地図を見つけたぞ〜‼」

「わあ！　島がぐらぐら揺れる〜‼」

そのころには子どもたちもノリノリで、一緒に大きく揺れる真似。滑り落ちそうな演技をする子もいます。子どもたちも空想の世界に入ってきます。

「これは、島じゃなくて、クジラだ〜！」

「きゃ〜！」「大将〜！」「助けて〜！」

「あそこまで泳いでいくんだ」

隣の砂場は、砂漠に見立てます。

「宝の地図によると、この砂漠にも何かあるようだ。みんなで穴を掘るんだ」と言って穴を掘ったり、山を築く競争をやったりして遊びます。普段は砂なんかさわらないような子も、夢中で参加しています。

「敵が来た！　ばれてはいけない。元通りにしろ！」

と、砂場でい〜っぱい遊んだ後、

「のどがカラカラだ。あのオアシスで、水を飲もう」

と、水飲み場でごくごく水を手のひらで飲ませます。こういうの、とっても大事。手のひらで水を飲めない子も増えていますからね。

鉄棒のところでは、レスキュー隊みたいにしてぶらさがって、谷を渡るイメージ。うんていは、つり橋に見立てて、すべり台は、友達とくっついて急流すべり。私がワニの役をして、「人間のにおいがする」とゆっくり追いかけたら、ジャングルジムの木に見立てたのぼり棒に必死でつかまって、一生懸命足をあげているの。かわいいですよ。

セリフの決まっていない即興の劇ごっこです。

こうした取り組みは、初めて出会う体験や言葉も多く（マスト・砂漠・オアシス・急流など）、世界が広がっていく感じを子どもと共有できます。

あらいぐま大将と26ぴきのねこ

- ぼうけんに出発だ！ オーッ
- 船にのりこめ
- 島だと思ったらくじらだった
- およいでにげろーっ
- 面白いかっこうしてクネクネ
- ついでに体育館裏をたんけん
- 春の花や虫
- 嵐がきた 大きな波をのりこえろ
- つたにぶら下がり
- 宝物がいっぱい
- 鳥の巣みっけ！
- なぞのどうくつだ
- 鉄ぼう
- つり橋をわたり
- オアシスに到着！
- タイヤトンネル
- 下は谷底だ
- 気をつけろ
- 島についたぞ
- タイヤトンネルの上
- 昼休みにトラねこ大将して
- あそびたい人
- はーい
- やるやる

体育の授業のボールの的当てゲームも、「敵をやっつけるんだ！　大砲の弾を投げるぞ！」と言って、壁に投げたり、コーンに投げたりします。

　子どもたちを興味づけようと思ったら、段ボール箱に、子どもたちが敵に見立てた絵を描いて、そこを狙ってやったらもっと当たるでしょう。すぐにドッジボールをするのではなくて、新聞を丸めて当てたり、玉入れの玉を当てるなど、もっと遊び的にやったらいいと思うんですね。

　子どもたちを見ていると、スイミングや、幼児サッカー、野球、新体操など、運動系の習い事をして幼稚園時代を過ごしてきた子がとても多く、そのため「できる・できない」にとらわれている子が多いです。そこで、私は意識的に、ストーリー仕立ての、ファンタジーの世界での冒険遊び（運動）を取り入れているのです。

　運動の基本的な力をつけることも大事だと思っていますから、「即興の劇」と書きましたが、実は、綿密な計画をしてあります。できない子や躊躇しそうなことも予測してある。そこを、遊びの力で乗り越えて「体を動かすって、楽しい」「かってにできてしまった！」と言わせたい。こういった遊び的な取り組みは、実は相当運動量が多く、心拍数も上がっています。

◆ ねずみばあさんと子ネズミたちの冒険（体育館）

　体育館では、「ねずみばあさんと子ネズミたちの冒険」という冒険遊び的な取り組みをします。『おしいれのぼうけん』（文・ふるたたるひ、絵・たばたせいいち／童心社）という絵本の中に、こわーいねずみばあさんが出てくるのです。それを生かして。

　ある日、体育館の放送室にこっそり隠れていました。私は、ねずみばあさんになって、ぱっとショールをして登場。

　「子ネズミども！　この輪（バスケットのコートの輪）の中に入ってろ！

　ここから出たら、食べてやる！」とこわ〜い声で言うと、子どもたちは、きゃーきゃー言いながらも、輪の真ん中に集まります。

　私は、輪の外を回って、タッチして引きずり出します。すると、必死でみんなで抱き合うんです。ねずみばあさんにつかまらないように、みんな〈子ネズミ〉は、舞台の奥のカーテンの裏に隠れます。（ナレーションで語る）

第Ⅱ章　楽しく学ぶアイデア

　「カーテンが動いたらばれるから、気をつけて。シー」とリーダーシップをとる子が出てきます。こちらからは見えてないけど、姿や表情まで見える気がします。かわいいですよ〜。足まで上げて、片足で立ったり、つま先で歩いたりして。

　その後、四つん這いで、頭の方からひな壇を降りて行かせたりします。みんな、声を出さないように必死です。追いかける私も楽しいこと！

　基本的な体の動きや逆さ感覚なども意識してやらせます。必死だから、たいていはできてしまうのです。体をくっつけるので、体でつながる遊びです。サッカーなどは、ボールが手に触れたらアウトなので、そうでない身体接触のある体験をさせたい。そういうことを意識して、内容を組み立てます。

　続いて、舞台袖に置いてあるセイフティマットでぴょんぴょん跳んで遊びます。「みんなで力を合わせて、橋を作ることにした」と言って、平均台を持ってきて、「気をつけるんだ！　橋の下に落ちたら、人喰いワニがいる」と声をかけると、そろりそろりと渡っていきます。

　もう、言わなくっても、危ない子には自信のある子がフォローに入っています。一本橋を作って、その橋を渡って、世界中を逃げていく（イメージ）のです。跳び箱なども持ってきて、よじのぼったり飛び降りたり、マットをつないだりして……、そういう遊びを入れるんですね。子ども達は、夢中で遊びます。

　「ねずみばあさん今何時？」というのも、「だるまさんが転んだ」の応用で作りました。ルールは「ねずみばあさん今何時？」「3時！」って言うと、たたたたっと走って、動いたところを見つかったらつかまって「どぶねずみ」になります。子ネズミの仲間にタッチされたら逃げて戻れます。呪文も教えてやって、「アブラカダブーラ」と言ったら戻れる。工夫して戻れるようにしておきます。「6時」と言ったら、食事タイムなので、子ネズミを追います。

　「子ネズミたちは、ねずみ親分と相談して、見つからないようにみんながつながった！」「ねずみ親分は、班長だった！」って言ったら、班長の後ろにみんながつながります。普段はやんちゃする子も、必死でつながっていて、

> **かわいいエピソード❸**
>
> ## 机の下にかくれているよ
>
> ある日、ねずみばあさん（私）が体育の片付けをしている間に、「みんなはきれいに並んでひと言もしゃべらず、教室に逃げて行くのであった。追いかけてくるかも知れない！」と言って、体育を終えたんです。
> 　私も、「やれやれ」と思って、職員室でお茶を飲んでいたら、子どもがひとりそっとのぞきに来ました。
> 　「どうしたの？」って言ったら、
> 　「ねずみばあさん、まだ追いかけてくるかもしれへんやろ。だから、みんな着替えもせえへんで、ずっと机の下に隠れてるねんで」って言ったものだから、職員室は大笑い。
> 　「ええっ！　どんな授業しているの？」って、しばし話題になりました。

本当にかわいくて、おもしろい。

　発達障害のある子も、これにはスムーズに参加しました。ストーリーにして、１時間はあっという間です。「子とり」っていう遊びがあるでしょ。「こーとろ、ことろ」って、一番しっぽの子をつかまえる遊びです。私がねずみばあさんでやったら、ねずみ親分（班長）は、必死で子ネズミ（班員）を守りましたね。大興奮で、盛り上がりました。班長、大活躍です。

　短いつな引きをそこで取り入れて、ねずみばあさんが引きずられていく演出もしたりしてね。「みんなの力でねずみばあさんを追い出した！」って。私も、大喜びで引きずられてやります。大爆笑や「万歳！」のある授業になります。

　おもしろさがわかると、昼休みのときに「今日はねずみ親分をします」「とらねこ大将します」と、子どもたちの中でリーダーシップをとる子が出てきます。このような冒険遊び（物語）は、今まで教えてもらったものとは違って、子どもたちの心の中に「自分で新しい世界をつくりだせるのではないか」という勇気や自信のようなものを生み出せる気がします。

　ちょっと変わった行動をする子が大将に選ばれることが多く、みんなの思いつかない世界へつれていってくれるようでした。

第Ⅲ章 「困っている子」に出会ったとき

―― 子どものヘルプに応えられる教師に

住宅地だけの地域で、子どもたちに自然を残したいとの願いで作られた「星の池公園」と星型の池。地域の人々の子どもを思う気持ちの結晶です。子どもたちが行くと、大歓迎!!

1　「困った子」は「困っている子」

◆ 教室にいる「困った子」とは

　1年生を担任すると、最初が肝心ということで、ビシッとしつけなさいとか、きちっとさせることが大事だと、よく言われます。しかし、そういった上からの強い指導があっても、いざ担任になってみると、そううまくはいかないのです。

　目の前に、集会でちゃんと並べない子や、勝手なことをしたり、集団行動ができない子がいると、教師はとても困ったり悩んだりします。きちんとできないのは、きびしくしつけていないからだと見られがちですし、さらに、声なき声がプレッシャーとなって、本当にこの子は「困った子」だと思いがちです。

　例えば、どのクラスにもいると思うのですが、多動な子、多弁な子がいます。診断をされると、AD／HDとか、多動児と言われることもあります。診断結果はともあれ、そういう子は朝学校に来てからずっとしゃべっていて、黙ってノートを出したり、教科書を出すことができない。「えーっと、どうやったかな？　筆箱出して……」などと、おしゃべりがやめられないので、まわりからはうるさがられます。自分がしゃべり続けていることを、自分でも気づいていない（内言と外言。42ページ参照）。教師の話にもいちいち反応するので、いらいらしてしまうことがあります。

　私が受け持った中に、こんちゃんという子がいました。いつも体をガタガタさせるか、机をこんこん叩くので、こんちゃんと言うのです。彼はそのようにどこかを動かすことで、多動なところを調整していたのだと思います。口癖は、「止まったら、死ぬのじゃ」。本人はそんな気持ちだったのでしょうね。たえず手に物を持って触っているとか、ごそごそと音を出している。前

の子を突いたり、話しかけたり、並んでいてもじっとしていることができない。椅子に座っていても、後ろを向いてしゃべる、教室に生き物がいたりすると、席を離れてそこへ行ってしまうような子でした。

さらに、椅子に座っていることができなくて崩れ落ちてしまう次郎とルフィーがいました。次郎は、いつもおへそが天井を向いていました。

ルフィーは、背骨をちゃんと保つことができなくて、椅子に寄りかかったまま、とけるようにしてズルズルと下に落ちてしまいます。

45分間自分の体を支える筋力は、男の子だと体重の1・8倍ぐらいの背筋力がいると言われていますので、2人とも今までの経験の中でその部分の発達が保障されなかったのでしょう。注意すると、一瞬はちゃんとできるのですが、5時間目など長時間の時間割が続くと、必ずそういう症状が出てきてしまいました。

そういうとき、教師はとても困ります。クラス全体が落ち着かなくなりますし、そこに攻撃性のある子や乱暴な子が加わると、もっと大変な事態になります。でも今はそういう子が教室に何人かいるのではないでしょうか。計算やテストはよくできたりして、とてもアンバランスだったりします。

そのような子どもたちは、確かに「教師を困らせる子」ではあるのですが、視点を変えて考えてみると、本当は、その当人が一番困っている。自分でなおせない。つまり、「困った子」は、本当は「困っている子」なのです。

「注意して直るぐらいなら、とっくに直っています」と訴えたお母さんの言葉が今でも忘れられません。「我慢できずに手を出してしまうこの子も、そんなふうに育ててしまった親も、どっちもつらいもんです」と暴力をふるう子のお父さんがしみじみ語ってくれたこともありました。

そこで、保護者とのことは、次のように考えました。

＊保護者を、まず、ねぎらう。本人が一番困っていることを伝える。
＊保護者と話す機会をつくり、できることや興味のあること、家庭での様子や工夫を教えてもらい、知恵を出し合う。
＊学校での様子や工夫・成長を知らせ、家庭で子どもをほめてもらったり、認めてもらう。
＊発達に課題があると思われるときは、保護者と話し合い、場合によって

は、専門の医療機関・相談機関と連携し、発達診断をしてもらい、特性を知る。

◆ ゆるやかなルールをつくる

多動なこんちゃんには、「心の杖が必要」と考えました。図工で作った「ぷにゅぷにゅ人形」（風船に小麦粉を入れて縛ったもの。感触を楽しめる／写真右）を自由に使っていい「ぷにゅぷにゅクラブ」を立ち上げて、そこのリーダーになりました。みんなの同意を得て、多動な子はたくさんメンバーになりました。でも、音がしないからOKなんです。土産物で手触りのいいものも「授業中、触ってもいい」と認められていきました。

こうして、クラスには、ゆるやかなルールが生まれてきました。びしっと厳しくしつけなくても、どんな子も平和的に共存できるルールが。

関係のないことを話す子には、黒板に手作りのポケットを貼っておいて、「ちょっと（そのお話は）預かるね。後でね」と話を預かる方法を、京都の先生に教えてもらいました。見えることが大事だそうです。

チャイムが鳴ってから、「じゃあ、さっきお話を預かった人、話しにおいで」と言ったら、「もういい」とケロッと忘れてしまう子もいます。

また、文字が書けるようになると、書く時間をたくさんとって、書いてあることだけを発表させたりしました。前述の「忍者になる」という遊びも（17ページ参照）、沈黙という（自己を抑制する）力を遊びながら生み出す方法の一つです。

個別に指導するだけでなく、周りの子は、指で「シーッ！」と教えたり、暗号の肩たたきなどでフォローしました。発表する人は、教室の中央を向くとか、発表する人を見るとか、遊び的に環境もつくっていきました。

ザワザワしていると、「パンパンパン」と手をたたいて、同じことをさせたり、「集中！」「ハイ！」と言わせてみたりもしました。近くの子に小さな

第Ⅲ章 「困っている子」に出会ったとき

声で「聞いてね」と言い、気づいた2～3人が大きな声で「はい！」と返事したら、みんなびっくりしてシンとなる方法が案外効果的でした。

◆ マイペースで集団活動の苦手な子

　多動な子とは反対に、非常にゆっくりで、決まった時間に準備が間に合わなかったり、集団行動の苦手な子がいます。また、こだわりが強くて、ちょっと気になることがあるとそればかり見て、他が全く見えなくなり、自分の世界に閉じこもってしまう子もいます。広汎性発達障害（PDD）・ADD（AD／HDの多動性のないタイプ）などの周辺と思われる子もいます。
　また、今までの育ちの中で経験が少ないために自信がなく、マイペースになってしまった子もいます。その子たちの行動にはそれぞれ理由があります。
　☆多動で不注意であるため、なかなかとりかかれない。
　☆短期記憶の力が弱いため、黒板の文字をまとめて記憶できないので視写

が遅くなる。
☆大人がいつも指示していたため、何もない白紙の画用紙などで、描き始められない。
☆物を忘れてとりかかれないけれど、困ったことを言葉で伝えられず、固まったり泣いたりしている。
☆自閉性障害があるかその周辺のため、興味や活動が制限され、こだわりがあるためなかなかとりかかれない。

　私は、切り替えの難しい子やこだわりの強い子には、「見通しを持つこと」が立ち直りの一つの手掛かりになると思いました。

　そこで、授業の「はじめ」と「する順番」と「終わり」を提示するように気をつけました。特に「ここまでやったら終わり」というのをはっきりさせました。（くわしくは89ページ参照）

　折り紙をしていて、切り替えられない子には、「これが折れたら、終わりね」。なかなか授業の準備のできない子には、「きちんと自分の席に座ったら、先生が持ってきたこのおもしろい教材に触らせてあげるよ」。黒板の文字がなかなか写せない子は、座席を左側にして、右の席の子のノートを見られるようにしました。図工などは、手掛かりになる線や形の遊びをしながら、とりかかれるようにしました。

　困ったときの伝え方や物の借り方などは、実演させて安心させました。集団とずれて行動したがる子は、１番前や最後に行動してもよいように合意していきました。

◆ 荒れる子

　非常に荒れる子がいます。暴力をふるう子。そういう子には必ずモデルがいます。そのモデルから「思うようにならないとき」のキレ方を学んでいます。

　腹を立てると、すぐに人の足を蹴り上げる女の子がいました。この子は、両親から、ことあるごとに蹴り上げられていたことがわかりました。保護者との関係をつくり、暴力がなくなると、ほとんど「蹴る」行為はなくなりました。

第Ⅲ章 「困っている子」に出会ったとき

荒れる子、暴力をふるう子には必ず"モデル"がいる

荒れざるを得ない…。

　もう一つは、自暴自棄になっている子です。1年生なのに、もう「どうせオレなんか……」という子がいます。
　1年生というのは、発達段階で言えば「何でも1番」「ぼくが1番」、そういう時期なのです。にもかかわらず、「もう、オレなんか、あかんわ」「どうせ、アホやし」と、自暴自棄になっている。
　家庭が崩壊して日々大変な中、1年生ながら、そういった事情を心の中に押し隠して学校に来ている子もいます。夫婦喧嘩で暴力をふるう場面、離婚の話をしているのをふすまの向こうで息をひそめて聞きながら、翌日、寝不足のまま学校に来ている子もいるのです。荒れざるを得ないですよね。

　また、貧困の問題があります。家族全員がアルバイターという家庭がありました。中には、その日暮らしの家庭もあって、朝買ったコンビニ弁当をみんなで分けて食べる。夜は、賞味期限切れになる時間を待って、親がコンビ

ニで処分する弁当をもらって帰って来る。「ホームレスが何とか生きていけるのは、コンビニができたからやで」と１年生の子が言うのです。

そういう子どもたちに対して、教師が不用意に「明日、じょうぎを持ってきなさい」と言っても、買ってもらえない場合があります。そういう子どもたちの悲しさに教師は気づくべきだろうと思います。

今日の厳しい経済情勢（経済格差・貧困問題）の中で、保護者も生活に追われ、精神的なゆとりがなく、子どもの気持ちに応答できない家庭が増えています。大人の生きにくさをそのまま子どもにぶつけている場合もあるでしょう。虐待（からだや言葉、養育）や過保護・過干渉もあります。保護者が精神的な病気を抱えていて、それに呼応する子もいます。子どもたちは社会のさまざまな問題を表出しているのです。

また、「親の前ではいい子」で、学校で攻撃的な表出の仕方をする子もいます。人の失敗にはひどい攻撃をするけれど、自分ができないこと、うまくいきそうもないことに出会うと、泣き出したり固まったり、開き直って人のせいにしたり。「自分で自分を引き受けられない」子どもが増えているように思います。「ありのままの自分」を受け入れてもらえないからなのでしょうか。「見捨てられ感」を持っている子が多いです。

だから、教師がありのままの自分を受け入れてくれるとわかると、際限なく甘えてきます。抱きついたと思えば、反抗的にふるまってみたり、床に寝転んだり、奇異な行動をしては、「見て見て行動」を繰り返したりします。

給食中や授業中もわざとやってみては、見捨てないかどうかを確かめているのです。「これでもか、これでもか」と確かめながら、「どんな自分でも見捨てられない」とわかると、少しずつ落ち着いてきます。叱りながらも、決して見捨てないよというメッセージを送り続けたいものです。

毎日、トラブルや奇異な行動の連続だと、教師もクラスの子どもたちも本当にまいってしまいますが、彼らの内なる声が聞きとれたとき、教師も同じ時代を生きている苦悩がわかります。そして、クラスの子どもたちも教師も共に生きていく未来を共有できます。

2 指導の工夫
——「困っている子」も大丈夫

◆ 1年生の教室はむやみに飾りすぎない

　「困っている子」と出会ったときに、指導の方針をどんなふうに立てるのか、私は大きく分けて4つの観点で行っています。
　1つ目は、その子の行動をよく見て、（どういう状態なのか。どんなときにその行動が起きるかを）分析する。
　2つ目は、他の子どもたちとのつながりをどうつくっていくか。
　3つ目は、ルールや合意形成をどうつくっていくか。
　4つ目は、自己意識の成長をどうするか。ここでは保護者との関係も重ねて考えます。

　まず1つ目の「行動をよく見る」ということですが、他の子とまったく違う行動を起こすような子どもは、それなりに必ず原因があるはずです。はっきり診断されていなくても、何らかの発達障害傾向がある子の場合、よく見ていると、刺激が多いとダメだとか、見通しが立たないときに多動になったり、パニックになったり、ということがわかってきます。
　多動傾向の子は、教室に亀などを飼っていたら、亀がガタッと動いただけでそっちに行ったり、窓の外を車が通ったり、ヘリコプターが飛んだら、すぐそっちに目が行きます。
　ＡＤ／ＨＤの子の目線をたどるパソコンのソフトを体験したことがあります。自分の席から教卓の実験道具を見るときに、彼らの目線を追うと、まず窓の外を見て、蛍光灯を見て、掲示物を見て、揺れながらやっと教卓にたどり着く。その後も目線が泳いでいるのです。目がくらくらしました。本人は自覚していないと思うのですが、そのくらい大変なのです。
　ということは、刺激が多いと集中しにくい、落ち着かないということがわ

かります。そこで私が思い至ったのは「1年生の教室はむやみに飾りすぎない」ということです。

　教師というのは、子どもたちが喜ぶだろうと思って、掲示板に動物の飾りをつけたり、学年便りや給食メニュー、保健便りを貼ったり、いろんなものを貼っています。わざわざ台紙を色画用紙にして赤や黄色や緑の飾りをつけたりするのですが、AD／HDやその周辺の子の目線ソフトで私が学んだことは、刺激の強いものがあると、彼らの目線は必ずそこに行く。ですから私は、1年生の教室は必要以上に飾りません。

　また、1年生がとても読めないようなプリント類は、前の掲示板に飾らないようにしています。黒板の横の教師用の棚のガラス戸には白い布か紙を貼って、中が見えないようにしています。珍しいものがあると、触らないと気が済まない多動な子がいたことがきっかけでした。

　さらに、教卓も、テーブルクロスを買ってきて、授業が始まったら教卓には必要なものだけ見えるようにして、全体をバサーッとテーブルクロスで隠してしまいます。そうすると、よけいなところに目がいかない。そういうことは、ちょっとした工夫でできるのではないでしょうか。

◆ 机の上の並べ方を図示する

　子どもの机の上の並べ方も図示するようにしています。

　これは画用紙に書いておいてもいいし、黒板に書いてもいいのですが、整理整頓のできない子たちは、どんなふうに配置すればいいのかというのが、机の広さとの関係で認知できないのです。

　筆箱や計算ブロックはどこに置くか、教科書はどの位置で、ノートはどう開いて、鉛筆はどう出すか。それを、図に書いたものをいくつか用意しておいて、国語・算数のときにはこうしましょうと、言葉でたくさん説明するのではなくて、図を見たらすぐにわかるようにします。（筆箱を右に置くと、体が左に傾いてしまいます。）それができるようになるまで、友だち同士で助け合ったりしながら、できるのを待つようにします。

　そうすると、右と左のわからない子や、筆箱を取りやすい位置に置けない子も、隣の子と協力しながらやると、机の上にきちんと収まって、気持ちも

第Ⅲ章 「困っている子」に出会ったとき

授業中の並べ方（算数）

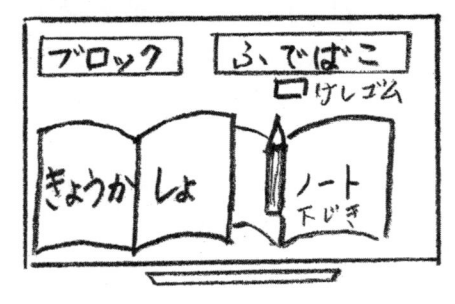

授業のはじめの並べ方

次の時間の準備

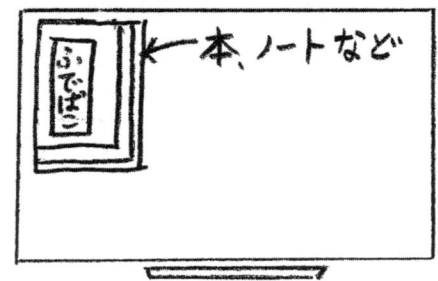

次の時間の準備をしてから休けい。
忘れ物もすぐわかる。

落ち着いてきます。

◆ 授業のはじめと終わりをきちんと伝える

　そういうことをはじめにやって、授業に取りかかるのですが、その授業のはじめに私が気をつけているのは、必ずその時間の「めあて」を伝えるということです。「今日は繰り上がりの足し算の勉強をします」とか、「今日は新しい漢字を３つ習います」というふうに、最初にその日にやることを提示します。

　そしてさらに大事なのが「終わりをどうするか」ということです。その時間にすることを伝える教師は多いのですが、「どこまでやったら終わりか」ということはもっと大事です。例えば、「漢字を３つやって終わりです」と言ったら、時間が余っても、私はそこで終わるようにしています。

　ところが、教師は終わりを言わないことが多い。行けるところまで行こう、というので、プリントをもらって、やっとできたと思った子がプリントを出しに行ったら、「じゃあ、もう１枚」と先生に言われて、「なんだよ、１枚だと思ってたのに！」とパニックを起こしたり、「漢字もう１つ」と言われて、「約束と違う！」と怒り出すということがありました。

　「３つだよ」と言って、「あと１つだからね」と言うと、気持ちを保ちにくい子も終わりが見えることで頑張れる場合があります。そういうことは、教師がちょっと配慮したらできるので、とても大事だと思っています。

89

◇ 指示語を少なくする──多動な子もできる

1年生の場合、もう一つ、私が大切にしているのは「指示語を少なくする」ということです。活動に必要なものがあると、私は、短い文章で箇条書きにして、活動が見えるようにします。

例えば、①トイレ、お茶　②朝の用意　③集金袋を渡すなど。そこを見れば、自分のやることがわかるようにします。そうすれば言葉も少なくてすむし、言葉で説明して、頭の中で整理するのが苦手な子たちにとっても、やることがはっきりします。

しかし、そんなに簡単じゃないのは多動な子たちです。黒板に書いてあることを見ない。自分の世界に入っている子も見ません。

それで私は、個人用のカードを持っています。そこに書いてあるのは、「こくばんをみます」。それをＡ４サイズの用紙に大きな字で書いて、本人に手渡すか、机の上に置いておきます。そうすると、それを見て（持って）、黒板の前に読みに行き、読み終わったら教卓に戻します。そんなふうにすると、黒板に書いてあることすら気がつかない子もできるのです。

こだわりの強い子も、段取りがわかると落ち着くので、箇条書きにして、最後までやることがはっきりしていることがとても大事なことだと思っています。そうした工夫というのは、1年生ですから、発達障害がない子にとっても、必要なことではないかと思います。

◇ 特別なルールができるとき

そんなふうに学び合う中で、どうしてもみんなと一緒にできない子がいます。そういう場合には、その子だけに許される特別なルールが必要になってきます（4つの観点の3つ目）。

例えば、朝学校に来て、ランドセルを30分間じーっと持っている子がいます。まわりがどう手助けしてあげるかというと、教科書を出したり、筆箱を出してあげたりはするのですが、手助けはそこまで。「ここからは自分でしてね」というように、彼にはここまで手助けするけれど、ここからは自分でやった方がいい、という細かい合意をつくっていきます。

第Ⅲ章 「困っている子」に出会ったとき

　連絡帳を書くのが遅い子がいたら、「彼女は今日給食当番だけど、できるまで待ってあげる」。パニックを起こして大声で泣きわめく子がいますが、パニックを起こすと、もう教室にいられない。その場合は「廊下に行って、気持ちが落ち着くまでそこにいていい」とか、その子だけに許される特別なルールをつくっていきます。

　ただしそのとき、大事なのは、そのルールを先生とその当事者だけで決めてしまうのでなく、他の子どもたちも納得した上で決めていくということです。そうでないと、「なんであの子だけ廊下に出ていいんや」とか、「みっちゃんだけなんで給食当番、あんなに遅くていいの」ということになります。どこまではできて、どこが大変だから援助が必要なのか、１年生なりにわかるように話して合意をつくっていくと、お互いに認め合えるようになっていきます。

　すると、どんなことが起きるかというと、熱を出して休んだ子が、次の日

に学校に来ると、「今日1日、掃除休んで座っとき」とか、手の皮が剥けている子がいると、「ぞうきんが持ちにくいから、水ぶきをほうきと代わってもいいんじゃない」などとやさしい声が聞こえてきます。

そんなふうに、やさしい気遣いと同時に、もともとのルールとは違うルールが臨機応変にできていきます。たくさんできるので、いつの間にか、特別なルールではなくなっていくんですね。みんなのためのゆったりしたルールに変わってくるのです。

このようなルールや合意形成のつくり方は、これから学年が上がっても、子どもたち自身の力として蓄えられていくと思います。

◆ 保護者の力を借りる

4つ目は、自己意識の成長です。

貧困の中にある子、あるいは多動やテンポがゆっくりな子、その子どもたちは、ストレスを感じながらも、健気に、したたかに現実と向き合って生きて行こうとしている子どもたちだと思うのです。そしてその彼らだって、チャンスさえあれば自分を変えたい、変わりたいと思っているに違いないのです。従って教師は、そういう子どもたちに寄り添って、彼らの自立を励ます立場でありたいと思います。（詳しくは第Ⅲ章〈3〉を参照）

ここで大事なのが、保護者との協力です。私が気をつけているのは、前にも述べましたが、「親を、叱ってもらう立場にしない」ということです。

何年も前の話です。マリンちゃんは、授業中に両足を机の上に上げる。給食中に5回も6回も立ち歩いて、寝転んで泳ぐ真似をする。赤ちゃん言葉を使う。注意されればされるほど、そういうことをする。そこだけを見ると、なんて変な子だということになるのですが、よく様子を見てみると、彼女はお父さんが入退院を繰り返していて、その入院のたびに朝から変な行動を起こしているということがわかってきました。

家ではおばあちゃんも病気で、お母さんもお父さんの入院のたびに家を留守にする。一人っ子で、きょうだいゲンカでストレスを発散することもできないし、おうちもぽつんと離れた地域にあるので、帰宅後、友達と遊ぶということもない。結局、親や大人の気を惹くしかなかったのです。

第Ⅲ章 「困っている子」に出会ったとき

　そうした状況から推測すると、彼女の行動は、「見て見て行動」なのです。
　自分の方に気を惹くことで、「私を見て！」「私を忘れないで！」「忙しくても私のことを忘れないで」という悲しい叫びだろうと思うので、保護者にはそういう気持ちで連絡しました。
　「実は、お父さんが入院したときだとか、お母さんが忙しくなったときにそういう行動が見えるので、気持ちのフォローが必要のように私には見てとれます。おうちの人が、彼女にそういうところがあるということを胸に納めてもらって、学校では教師が指導しますので、おうちでは、『あなたのことはいつも思っているよ』『大事に思ってるよ』というメッセージを、言葉だけじゃなくて、態度でも伝えてあげてください。そうすれば、きっと落ち着いてくると思います」
　というふうに話をしたんです。「この子、変だから見てください」ではなくて、「これは、お子さんを叱ってもらうために言うのではないんですよ」

ということです。
　その日の電話も、お母さんは何か悪いことをしたから、電話があったと思ったのですが、彼女はダンスが得意だし、目立ちたいから手もよく挙げるし、発表もよくする。ですからお母さんには、
「ダンスが上手だっていう、いい話が先生からあったって、必ず言ってくださいね」ってお願いしました。
　そうしたら、マリンちゃんが次の日から少し変わったのです。
　お母さんも偉いですよね。きっと気になるから問いただしたかったと思うのですが、うまくフォローしてくれたのでしょう。給食のときに立ち歩くこともなくなったし、多少気を惹く行動はありますが、ずいぶん落ち着いて勉強できることが多くなってきました。
　大事なのは、そこで、少しでも良くなったことが目に見えたら、すかさずおうちに電話して、
「さすがお母さん！　どんな話をしてくださったかわからないですが、変わってきましたよ。おかげさまで」って伝えると、親だって嬉しいですよね。そして、さらに家でもできることはないだろうかと工夫される。これからも気をつけようと思ってくれるんです。
　後で聞いた話ですが、家でも叱ることをへらして、夕食のときにハッピーなことをお互いに探して、話し合うようにしたそうです。いっしょに夕ご飯もつくるようになったそうです。そしたら、病院でも、お父さんと明るい話ができるようになったと、嬉しい話を聞かせてくれました。

③ 子どもが成長するとき

◆ 子どもの中にある「変わりたい」という意識

　チャンスがあれば変わりたいという、子どもの中にある思いを、どれだけ教師が見てとれるかということも、大事なことだと思います。

　相手は1年生なので、無自覚だとは思うのですが、「ぼくはできへん」「私は駄目だ」と思っている、そういう子の中に、「良くなりたい、どこかでもっと成長したいと思っているもう一人の自分がいる」と信じて話をしていくことが、とても大事だと思います。

　例えば、何事も非常にゆっくりで、手助けされることが多い子がいます。あやちゃんは給食がとても遅い。みんなが食べ終わっても、一人残っているときがあります。だけど、気がいい子なので、他の子が忘れた食器をそーっと戻してくれたり、給食台を拭く係の子が遊びに夢中で忘れて出て行ったら、わざわざバケツに水を入れに行って、ふきんを絞って給食台を拭いてくれたりするのです。

　その光景を見て、私が終わりの会などで、「自分の仕事でもないのに、給食台を拭く子なんて他にいる？」と言うと、「いない」と言う。「ところがあやちゃんはそれができるんだよ」と紹介すると、みんなは「へえーっ」という顔をして、拍手が起こったりします。

　彼女は学力が低いわけではないので、発表の場を与えたりすると、算数などは誰よりもよくわかる説明をする。そうすると、周りの見る目も変わってきて、「博士みたい」とすごくほめられるし、本人も鼻高々。

　「誰もできないよね、これは」「あやちゃんが1番だよね！」

　その日、あやちゃんはスキップで帰りました。全然スキップになってないんだけど、嬉しかったんでしょうね。本当にかわいいなと思いました。彼女の中には、チャンスがあれば変わりたい、認められたいという気持ちがある

のです。

　次の日は、朝行ったら、ちゃんと準備が間に合っているんです。毎日そうはいかないのですが、本当にかわいかったです。

◆ まりちゃんの成長

　先生を見つけると、ところかまわず、「ねえ、ねえ」と話しかけてくる子がいます。まりちゃんもそういう子で、あるとき、私がトラブルの指導をしていると、いつもの「ねえ、ねえ」が始まりました。

　そのとき、側にいたともちゃんがすかさず、「先生はいま、他の子のお話を聞いているんだから、話しかけない方がいいよ」と注意してくれました。

　「先生がお仕事していたり、他の子とお話しているときは『今、ちょっといいですか？』って聞いてくれるとうれしいよ。そんなふうに声かけてくれたら、先生も『なあに』って言えるし、できないときは『あとでね』って言えるよね。突然『あのね、先生』って言われたら、先生とても困るんだよ」

　前もってそう言っておくと、たいていの子はそれでわかってくれるのですが、中には聞いていても実際にそれができない子がいます。思いついたことは今すぐやりたい。「今じゃなきゃ、やだ」ってパニックを起こす子もいるのです。まりちゃんもそうでした。ともちゃんが、「今、いいですか？って言わなくちゃあ」と言っても、「今じゃなきゃ、やだ」「じゃあ、私が聞いてあげるよ」というともちゃんのフォローで落ち着くこともありました。

　そのまりちゃんが、「先生、よかったあー」と言うので、「どうしたの？」と言ったら、「だって、運動会の練習の間、先生、『待ってね、待ってね』ばっかりだったけど、今日は帰りに先生といっぱいお話できてうれしかったわあ」って言うんです。それで、私もすかさず「先生もいっしょ！　気持ちピッタリ！」と言って、ハイタッチして別れたのです。

　まりちゃんの言う通り、運動会の練習中、とても忙しかったのです。申し訳ないなあって思っていました。でも、まりちゃんは私と話したくて、毎日のように、「先生、今日もあとで？」と言って来るので、「がまんできる？」って聞いたら、「がまんできる」って、そんな日が何日か続いていた

第Ⅲ章 「困っている子」に出会ったとき

のです。

　でも今日はやっと運動会も終わったので、他の子たちが帰ったあと、「今日はいいよ！」って言って、まりちゃんとゆっくりお話したのです。

　そういうまりちゃんのことを、いっしょについてきてくれたともちゃんにも話します。

　「まりちゃん、変わったよね。前だったら、『今じゃなきゃ、やだ』って言ったのに、『あとで』ができるようになったんだよ。ほんとにすごいよね！」って。そうすることで、ともちゃんもいっしょに喜んでくれます。

　そして、ともちゃんにはあとで、

　「あのときはありがとね。先生、ちょっと困っていたんだけど、あなたがずっと側にいてくれてとても助かったの。『私が聞いてあげる』って、いい言葉ねえ」

　そんなふうにフォローします。まりちゃんの変わりたいという思い・成長を、友達にも共有してもらえるよう、話すときは誰か側にいてもらうように、意識して指導します。

◆「ごめんね」が言えるまで

　もう一人、こだわりの強いジロがいました。図書の時間に本を借りるとき、自分に合った本を選べないので、私が、絵本を紹介しようとしたら、表紙の絵を見ただけでパニックを起こしたのです。ジロは血を見るのがとても嫌な子でした。

　「ぼく、もう借りたくない」「開けない」と大声でわめいて、図書室から教室まで逃げて行ってしまいました。病院の本を選んだ私の失敗！

　そこで、『しゅくだい』（原案／宗正美子、文・絵／いもとようこ／岩崎書店）というほっこりとした絵本を持たせて、話をするときに、間に友達に入ってもらいました。

　「大丈夫だよ、もう落ち着いた？」「そこにいていいよ」っていうのを子どもたちにやってもらいました。そんな対応をして教室に戻ったら、ジロが、

　「先生さっき、ごめんね」って言うので、

　「なにがごめんね、なの？」って聞いたら、

　「あのときね、ぼく、自分が我慢できないから大きい声出したけど、図書の時間だったから、みんながきっと困ったと思う」と言うのです。

　「そんなことまでわかったの？」と言ったら、

　「ここに帰ってきて、泣き止んだらわかった。みんなに悪いことをしたから謝まる」と言うのです。その場所を離れたので、クールダウンできたのでしょう。

　「先生も悪かったね」と言ったら、

　「でも先生は、無理に読みなさいと言わなかった。代わりにいい本貸してくれたからありがとう」

　そして、こうも言うのです。

　「あの本、今、ぼくは無理だけど、けんちゃん、あとでその本、楽しかったかどうか教えてくれる？」

　すると、その本を借りたけんちゃんが、

　「うん、読んだら教えてあげるよ」

　って、とてもほんわかする交流ができたのです。

そんなふうに、間違いなくジロは、チャンスがあれば変わりたいと思っているのです。そうしたことも含めて、学級ではいろんなことが起こるのですが、ピンチはチャンス。それは子どもが変わり、子どもをつなぐ絶好のチャンスなのです。そのチャンスを教師がしっかりキャッチすることが大事だと思います。

　朝から大声でしゃべり続ける子に、黙った一瞬のスキをついて、「えらい！　今日はしゃべってない」と言ったら、「あ、そうか」って口をつぐむ。周りの子も「しゃべってないよね、今日は？」と言ったら、「ほんとだー」って、本人がビックリした顔をしている。後追い指導だけでなく、先手必勝です。ちょっとした工夫でできることがあるので、教師同士も知恵を出し合って、工夫をしていけたらいいなと思います。子どもたちの伸びようとする力、いっしょに育とうとする力を信じたいものです。

　＊子どもの荒れは、ヘルプのサイン。
　＊ヘルプに応えられる指導の工夫ができる教師に。
　＊自分の悩みで悩むのではなく、子どもの悩みで悩める教師でありたい。
　＊子どもの伸びようとする力を信じる。

紙コップでできる工作〈図工〉

ダンスをする動物

① ストローをさせる穴をあけておく。

② 動物のお面を作る。

③ 両面テープではりつける。

④ 折り紙で手を作る。

⑤ くるくるまいてストローにセロテープでつける

⑥ 紙コップの穴に通す。

⑦ 紙コップに絵をかいて、できあがり。

両手で持ってダンスをさせる。

パクパク人形

① 底の中央に線を引き、紙コップの横に、下まで線をひく。

←線

② 底を残して、ハサミで切る。

③ ←せまい方を頭や顔にする

底を口にみたてる

←広い方は、体。

補強用に残す

ポイント
底全体が口になるので、顔ははしからかくようアドバイス。

こういう風になりやすい。

④ 顔(頭)を切る。

⑤ 手を入れてパクパク

←補強用をセロテープでとめる

⑥ 体を作る。季節に合わせていろいろ工夫する。

⑦ (例)
5月 こいのぼりを持たせる
つまようじ

12月 サンタクロース

第Ⅳ章 保護者・子ども・教師をつなぐ『学級通信』

1年の最後に「新1年生を迎える」教室づくりをします。誕生列車の絵をそのままチューリップに!

学級通信 **1ねん1くみものがたり** 4月

1年1組約束ごと、第一号、決定！

　この間、入学したと思ったら、随分いろいろなことを学んできました。

　子どもたちは、返事の仕方、道具箱の片付け方（お泊まりの部屋・お帰りの部屋）、靴箱の使い方、傘の片付け方、トイレの使い方、水道の使い方、朝と帰りの準備の仕方、お話を聞くときの姿勢・発表の仕方などを学んでいます。

　学習の基礎である「姿勢」「鉛筆の持ち方」を習いました。この２つはとても難しいようです。今まですでに絵や文字を書いていた子が多く、自分流のくせがついているからです。

　「鉛筆の持ち方」は、青い補助具「もちかたくん」を使用します。名前の方を削った境目あたりにあわせ、おへそ（少し盛り上がっているところ）が見えるようにして、親指と人差し指を当て、残りを軽くにぎって当てると、正しい持ち方ができます。（左ききは、おへそが見えないように持つ。）家庭でプリントなどをするときにも、様子を見てアドバイスいただけると嬉しいです。

　姿勢は、特に左手の指をそろえて置き（体全体を支えています）肘を机に乗せないというのがこつです。肘が乗ると、とたんに姿勢が崩れます。

　さて、そんな子どもたちですが、入学式から３日目。はじめてミニ学級会をしました。

　同じクラスの子に手を振り払われたり、「叩くぞ！」と言われている子がいます。「自分だったらどう思う？」と聞いてみました。すると、「言われたら、悲しい」「いやや」「つらい」と、代弁する声がたくさん。

　「じゃあ、そうやって意地悪する人は、どうしてするのかな？」

　「自分も誰かに言われてると思う」

　「わざとじゃなくて、遊びかもしれへん」

　「淋しい人やな……」

　この言葉に、みんなシンとして聞き入っていました。子どもたちから出たこの言葉は、深く胸に落ちたようでした。

　「お約束にしたらいい」の言葉に、みんな大賛成。さっそく、「１年１組は、人を殴りません」という約束１号が出来ました。なんとしっかり意見が言えるクラ

第Ⅳ章　保護者・子ども・教師をつなぐ学級通信

あらいぐま先生です。よろしく。

新居　琴（しんきょと書きます）愛媛県の山奥の分校と漁村で育ちました。

- 人の心をなごませる琴から…．
- 小さい生き物が好き。
  （1年生近くの金魚は、お花見の金魚すくいでゲット！妙小では、「生き物係の先生」とよばれることも！）
- 家族
  夫・長小
  二男・学生
  まごがいます。
- 音楽や演劇が大好き。『情熱大陸』の野外ライブでは夕立ちとカミナリの中、楽しみました。ドリカム・サザン・smap・嵐 etc…、気は若い？
- 白髪をかくすために、そめている。(汗)
- 寝る前に本を読みます。300冊位。若いころは、アウトドア派でキャンプやスキー人。今は、映画。(オリーブみました！)
- 子どもと世の中をしっかり見るために、めがねをかけている。
- マジック、小物作り、畑仕事・編物・絵や文をかくこと。花を育てること。
  （ロンパースや佐帯服を作ってました）
- 得意料理？…おにぎり!!
- 好きなスポーツはバスケ。野球は阪神。今までやっていたクラブは？科学・こてき隊・合唱・ブラスバンド・ESS・演劇
- いつも人をびっくりさせようと考えている。
- ビンをつりどるマジック
- 大地をふみしめる太い足。実は、学生時代、バレーやダンス・床運動をしていた足。(だれも信じてくれません。(涙))
- 子どもたちがかいてくれたイラスト
- あたたかいハートの持ち主でありたい。とにかく子どもが大好き。
- 子どものころは、やせていて、あだなは、「ガイコツ」あばらぼねがみえていました。

スでしょう。感心しました。子どもたちは一生懸命がんばっていますね。

　人の体や心を傷つけることは、してはいけないことときちんと指導します。また、学校は、教育の場ですので、犯人探しをするより、このように「トラブルから教訓を引き出す」（トラブルから学ぶ）指導をしていきたいと思っています。

　「トラブル転じて　福となす」でした。

学級通信 1ねん1くみものがたり 4月

おうちの人から届いた声

◆始業式の日、登校20分前からランドセルを背負って帽子をかぶり、4年生の姉に「もう時間やで～」とせかしていました。毎日、学校に行くのが楽しくてしかたない様子です。

◆幼稚園ではよく泣いていた息子が楽しく学校に行っているのを見て、私もほっとしております。小学校に入り、少ししっかり見えるのは私だけでしょうか。

◆最初は「学校おもしろかった？」と聞くと、「ふつう」と言っていたのがだんだん「こんなことあったよ！」といろいろ話をしてくれるようになりました。

◆さっそく、お友達ができたみたいで、喜んで帰ってきました。お昼ごはんの時は、学校であったことを「教えてあげる」と胸を張って教えてくれます。先生の教え方の真似をして、「くるりんくるりんと言いながら、書きましょう」と、私が生徒になり、線の練習をさせられました。（笑）

◆毎日、10分休憩でトイレに行ったあと、姉の教室に行き、姉に会いに行っているとのこと。家ではケンカばかりなのに、学校では恋しいようです。夕食時、新居先生にしてもらった手品の話を姉にして、盛り上がっています。

◆小学校に入学してから、近所に年上のお友達もたくさんできて、登校班のお兄様たちも大好きで、朝から夕方まで大爆笑。本当に楽しそうです。手から離れていき、頼もしくもあり、淋しくもあり……毎日笑顔で帰ってくる姿を見てるのは、至福の時です。

◆学校に行くのを楽しみにしていた娘は、前日に洋服を用意して、早寝早起きをして毎日頑張っています。学校での話も自分からしてくれます。「今日は鉄棒・シーソーしたよ」「お兄ちゃん探しに行ったらいなかった」「お姉ちゃんやお兄ちゃんが教室に来て歌ってくれたよ」。本当に楽しそうに笑顔で話してくれます。お友達の名前も少しずつ出ています。

第Ⅳ章　保護者・子ども・教師をつなぐ学級通信

がっこうはたのしいよ！

ほほえましいエピソードがたくさんあります。そのひとコマ。

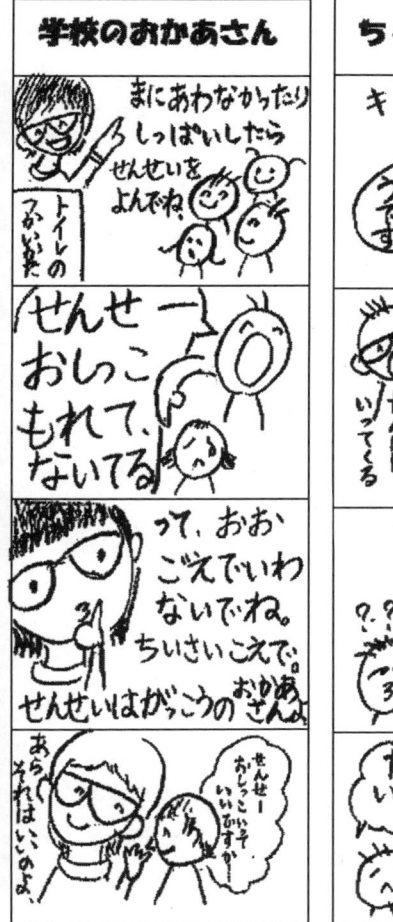

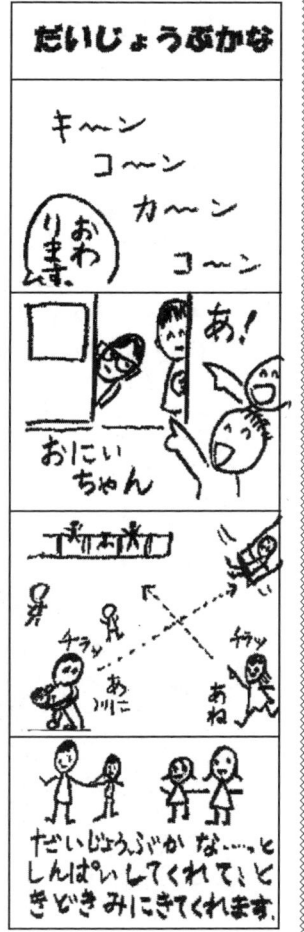

【担任から】 6年生が交代で朝の時間にお世話をしてくれました。校歌を歌う、読み聞かせ、紙芝居、折り紙などです。子どもたちはとても喜んでいました。

| 学級通信 | **1ねん1くみものがたり** 4月 |

給食がはじまりました！

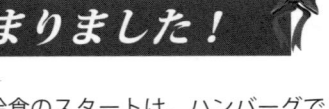

　給食のスタートは、ハンバーグでした。ドキドキしていた子ども達でしたが、食べてみたらおいしかったようです。渦巻きパンも「おかわり〜！」とよく食べました。よかったね。2日目はカレーです。

　さて、給食の配り方ですが、実は、子ども達といろいろ相談して決めたのです。「給食当番の表は、これ」というのは簡単ですが、「どこまで考えられるかなあ」と、知りたい気持ちもあって、「どうしたらいい？」と聞いてみました。

　すぐに「号車ごと（8人）」と「じゃんけんがいい」という意見。子ども達は、じゃんけんにとてもこだわりました。

　「じゃんけんにしたら、勝ったらいつまでもできる」

　「負けたら、ずっとできない」

　「席が変わったら、わからなくなる」

　みんな、やってみたかったのですね。

　「でも、号車にしたら、名前順やから席が変わっても間違えへん」といろいろな意見を出し合いながら、「決〜まった！」と決定。

　結局、当番制にして、号車ごとになったのです。そして、もうひとつの号車が、配る手伝いをすることに決まったのです。期間は1週間ごと。

　ところで、ここでひと工夫。1号車にお休

みがあり、2号車には腕を痛めている子がいます。さっそくみんなで考えて、3号車が当番、4号車が手伝いと、ベストな方法を生み出したのでした。

2日目。「今日はどこがするの？」という質問が……「1週間ごと」という約束だったのですが、「1週間」の意味がわからなかったんだね。

❀──おうちの人から届いた声

◆給食が始まることをとても楽しみにしていて、「あと何回寝たら給食や」と指折り数えて待っていました。当日は、いきなり当番だったようですが、「全部食べたョ！」「ハンバーグを配ったけど、うまくできた！」と報告してくれました。その日の夕方には、夕食作りも進んで手伝ってくれて、「先生が、お魚の時は、しっぽから取ったらいいって教えてくれた」「お汁を入れる練習をさせて」と張り切っていました。

◆初めての給食は、「給食当番したかったな～」と残念そうでした。
でも、とてもおいしかったらしく、「明日の給食が楽しみ～」と満足そうに言ってから寝ました。勉強も遊びも、なんでも楽しんでいるようです。
褒められると、「にこちゃん花丸やライオン花丸もつけてくれる。この前は、黒板いっぱいのライオン花丸もらったよ」と、大満足でした。「どんなんかなあ～」と、私もその花丸をもらったときの様子を思い浮かべています。1年生って、本当に素直で可愛い時期ですね。

◆給食当番をしたということで、「お母さん、お汁は、重いものが下に沈んでるねんて。だから、下からこうやって（実演）かき混ぜながら、お椀についでいくねんで」「カレーのときは、お玉をちょんとカレーにつけて（実演）、お椀の方から迎えに行くように（実演）入れたらいいねんで。そしたら、あ～ら不思議。カレーは、たれません！」と、実演入りで胸を張って（お母さん、知らんかったやろうというように）、教えてくれました。感心しました。
こんな小さな出来事も、子どもにとっては新しいことの発見なのですね。先生が、「手伝いをたくさんやらせた方が子どもが伸びる」とおっしゃったことが少しわかった気がします。毎日、お玉で入れる練習中です。ヒヤヒヤ。

学級通信 **1ねん1くみものがたり** 4月

粘土のひもで「あ」

　はじめて粘土で、ひもを作りました。これがなかなか難しい。両手で挟んだり転がして作ることを知らない子もいました。握ったり押し付けたりしています。でも、友だちのやり方を見て、だんだんできるようになりました。
　「紐で、『あ』と書きましょう」
　の声にチャレンジするものの、自信がないのか、小さな小さな「あ」。
　「もっと大きく！　粘土板いっぱいに！」の注文に、
　「『あ』って難しいなあ」と四苦八苦。
　特に、縦の曲った線があっち向きこっち向きして大弱り。みんな、諦めずに何度も作り直して、こんな立派な「あ」（写真下）ができました。縦の曲り具合は、このようにしたら実感できますね。

第Ⅳ章　保護者・子ども・教師をつなぐ学級通信

楽しみなゴールデンウィーク

　子ども達が、楽しみにしているＧＷ。遠くにお出かけしなくても、ゆっくりと散歩したり、サイクリングに出かけるのもいいですね。交野周辺には、楽しいところがいっぱい。お金をかけなくても、季節を感じたり、いろいろな発見ができます。

　また、親子でお料理にチャレンジしたり、車を洗ったり、野菜の苗を買いに行って、植えたりするのも、子どもにとっては楽しい体験です。

　もし、出かけるなら、自分の物はできるだけ自分で用意させたり、持って移動させたり、片付けさせたりしたらどうでしょうか。かえって手がかかるかもしれませんが、子どもにとっては、伸びるチャンスです。

　5月2日には、朝顔の種を植える予定です。6日には、ＧＷに体験したことを発表する学習があります。

「どっか、行った」
「どこ？」
「わかりません」
にならなりませんように。「そして」「そして」と、話す練習です。

　ＧＷ明けに疲れがたまらないように、生活リズムと体調に気をつけてください。では、楽しいＧＷになりますように。

すわってください

（ないか けんしん／すわって ください）

（？　へ？　？）

（え？／いす　ちょこん）

（いすに すわってね／はい）

健康診断で、こんなかわいらしい光景がありました！

学級通信　1ねん1くみものがたり　5月

楽しかったよ、連休

　連休明け、みんな元気な顔を見せてくれました。学級では、2カ月ごとの「誕生会」をすること、生活科で育てたい物などを話し合ってきました。ハムスターがやってきて、大喜びです。朝顔の種を植えるのをとても楽しみにしています。

　また、日直（2人ずつ）を決めて、「朝の会」「終わりの会」をしています。朝は、日直さんが一人ずつ名前を呼んで、健康調べをしています。

　朝の会や国語の時間には、テーマを決めて、一人ずつ発表する機会も設けています。全員が発表することができるので、子どもたちのがんばりに驚いています。

　連休のことは、発表だけでなく、絵にもかきましたので、少しずつ載せていきます。どこかにお出かけしなくても、楽しいことは、すぐそばに……。

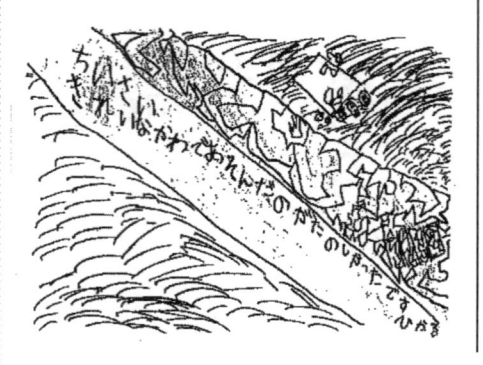

第Ⅳ章　保護者・子ども・教師をつなぐ学級通信

❀──4月の参観より

◆どの子もきちんと先生の話を聞き、一生懸命プリントにも取り組めていて感心しました。素晴らしかったです。

◆参観日には、子ども達の緊張した様子に、こちらもドキドキしながら見させていただきました。
　実は前日の夜、布団の中で、「がんばって手をあげようと思うんやけど……。わからない問題ばかりで手をあげられへんかったらごめんな」と、ちょっと不安そうでしたが、楽しそうな授業の様子にほっとしました。

◆参観は、みんな集中し、授業を聞いているのに、感心しました。

◆短い期間に、授業の基本的なことをきちんとしつけていただいて、とても安心しました。先生の言葉はわかりやすく、無駄な言葉がないので、さすがだなと感心しました。
　毎日、学校に行くのを楽しみにしているので、きっとほかの授業も楽しいのだろうなと、次の参観を楽しみにしています。

| 学級通信 | **1ねん1くみものがたり** 5月 |

家庭訪問で見つけた子育ての知恵

家庭訪問では、とっても楽しいお話を聞くことができ、うれしかったです。おうちでのお手伝いはかんたんなものから、むずかしいものまで……。包丁は、マイ包丁をもっている子もたくさんいました。左の4コマまんがは、家庭訪問でのエピソードです。

①子どもの作品をかざる

子どもが作った作品をリビングや玄関に飾っている家庭がありました。写真や作品は子ども達の成長を実感できますね。

子どもが興味をもっている物を並べる場所を、大人と同じように作っている家庭もありました。どちらも、自分が大事にされていることがよくわかりますね。

②テレビのそばに地図がはってある

テレビのそばに、日本地図と世界地図をはってある家があります。きっと、ニュースなどで、地名が出た時、地図で探すなど、楽しみながら興味を引き出せるようにしているのですね。

③生き物を育てている

子どもたちの興味のある虫の幼虫やめだかや金魚、ハムスター、イヌなどを育てて（飼って）いる家庭があります。たくさん、

せんせい、なんさい？

（1コマ目）せんせい、なんさいですか？　しゅん　かていほうもん
（2コマ目）な、な、なんさいと、おもう？　あせい
（3コマ目）24さい！！　20……
（4コマ目）あたり！！

かげのこえ
（教師は真実を教えなければ……）

第Ⅳ章　保護者・子ども・教師をつなぐ学級通信

楽しかったよ、連休

　見せていただきました。飼うということは、世話をしないと生きていけない……ということも学んでいます。たとえミイラ（！）になろうとも、子どもに責任を持たせているという家庭がありました。生と死は身近なところに。
　庭の植物の名前を、全部教えてくれた子がいました。そういったことも大事に教えてくださっているのですね。

学級通信 **1ねん1くみものがたり** 5月

楽しみな誕生日会

　学級活動では、学級に必要なことやトラブルについて話し合いをしています。

　「やってみよう！」とみんなで決めたことは、係をグループで回しながらやってみること。日直の仕事、給食や掃除当番、一番楽しみなのが「誕生日会」です。

　4・5月の誕生日会は6月の第1週、グループごとに出し物をすることになりました。その出し物を考えたり、練習したりしているところです。

　また、遠足が終わったら、新しい友達をつくるために、号車がえ（班替え）が決定しています。あみだくじで決めます。

　「こんなことはやめよう！」と決めたのは、「人の体や心を傷つけること」。クラスでは毎日トラブルがあります。大切なことは、そういった事件からみんなで教訓を引き出し、みんなの宝にしていくことだと考えています。クラスで価値をめぐって話しあえることを褒めてあげたいです。

　1年生は、まだ言葉の使い方も、けんかの仕方も、コミュニケーションのとり方も未熟で、相手の気持ちを考えたり、相手の身になって考えたり、想像することが難しいのです。それでも子どもは失敗を繰り返して賢くなっていきます。その日のことはその日のうちに、トラブルを解決していきながら、子どもと共に考えていきたいと思います。

えさ

1ねん ♡♡ かえる　2ひき

あるひ　たすけて～！！　ケースにくっついてる

えさいっぱいいれといた！

どっちがえさかわからん

かえるよりでっかいみみずのたいぐん！

第Ⅳ章　保護者・子ども・教師をつなぐ学級通信

かかりがきまったよ！

　必要なしごとから決めていった係。黒板や体育は、みんながうらやまし～い係。いろいろ相談して、アイデアを出し合って「みんながいろいろできるように」と、チビ班（4人）で一つずつ係をすることに決定。順番に交代して係をします。どんなお仕事しているか聞いてみてくださいね！

❀──おうちの人から届いた声

　❀朝から1日雨の日のこと。下校時間そろそろ迎えにでようとしたとき、子どもが帰って来て「ただいま、もう帰れるから、お母さん、おうちで待っててね」と自信がついたようです。入学して初めての雨の日は、「お母さん、しんど―い」と泣き言を言っていたのに、今ではもう慣れて頼もしく感じます。
【担任から】子どもたちはどんどんたくましくなっていますね。

```
◈──かかり
（数字は号車＝8人、
　ABで4人ずつ）
・こくばん ────── 3B
・たいいく・ほけん── 4A
・いきもの ────── 2A
・てつだい ────── 4B
・としょ ─────── 1A
・べんきょう ───── 1A
・ぴーぽー ────── 3A
・ごうれい ────── 2B
```

　❀毎日、学校の話をしてくれていますが、中でも「ハムスター」（チョコ）が来たことがいちばんのニュースです。2年前に、10年間飼っていた犬が天国に行ってから、両親のあまりの落ち込みように、子どもながら「体温があって抱く生き物はほしがってはならない」と気をつかっている様子。母が苦手な昆虫はどんどん持って来ますが。毎日かわいい弟くんが見送り・お出迎えしてくれるので満足！　してくれていると思います。

【担任から】生活科ではいろいろな生き物を育てたり、観察したりする体験をさせています。「抱っこしたい」という願いに、「外に出られない日にね」と言っていたのが、雨の日に実現。教室では「こっち来て～」「かわいい～」「あったかい～」「うんちした」と大騒ぎしながら、みんな交代でだっこ。ちなみに今「生き物ランド」には、ひめだか、やご、おたまじゃくし、かえる、とかげ、かぶとむしの幼虫がいます。餌取りが大変です。生きたものしか食べないのもいますので。

| 学級通信 | **1ねん1くみものがたり** | 5月 |

遠足でめっちゃ楽しかったよ！

　初めての遠足は、歩いて30～40分ほどの「私市（きさいち）植物園」です。てくてくてくてく歩いて行きました。途中、立ち止まっては、植物や川を見ながら行きました。植物園では、不思議な植物、めずらしい植物、でっかい長い松ぼっくりなど、たくさん発見しました。土手ころがりやお弁当広場でい～っぱい遊んで、大満足でした。次回懇談で、写真をＴＶで見られます。（こう御期待！）

　他の学校の子たちがうらやましそうに見ていました。

❀── おうちの人から届いた声

◆遠足が、とても楽しかったみたいで、服がドロドロになっていました。虫がとても苦手で、心配していたのですが、先生やお友達と一緒なら、大丈夫だったみたいで、安心しました。

◆家に帰ってすぐ、「遠足、おもしろかったー！」と言って、お花も虫も見たし、お弁当もおいしかったし、ゴロンゴロンが楽しかったと話してくれました。気温が涼しかったので、大丈夫かな？と思っていましたが、「平気やったよ」と言って、ニコニコしていたのでほっとしました。最近、お風呂の時に、顔をお湯につけて、プール気分になっています。プールが始まるのを楽しみにしているようです。まだ、泳げないんですけどね。（笑）

◆遠足の朝、寒さに震えながら出て行きました。大丈夫かな？と心配していましたが、帰りには、ニコニコ笑顔で「あつーい」と、お友達と坂道を上ってきました。「今日は、こんなことがあったよ」と、たくさんおしゃべりもしてくれました。楽しい１日だったようです。ズボンもドロドロがこびりついていました。ハハハッ。たわしでゴシゴシお洗濯です。

◆遠足から、大満足な様子で帰ってきました。土手をころがって目がまわったこと。大きなトチノキを手を繋いで太さを測ったこと。お弁当のこと。おやつ交換をしたこと。校長先生とお友達（!?）になったこと。おじいさんごっこをしてる子たちがいたこと。先生が、「帰り道で敷物しいて、おやつを食べたらだめですよ」といったので、ガハハとみんなが笑ったこと。帰る前に教えてもらった高い高い木のことを、「めっちゃ、せこいわ！と覚えたらいいねんて」と言って、肝心のメタセコイアが言えなくて、家族で大笑いをしました。

また、学年便りが詳しくて、お茶をたっぷり持たせてやれて良かったです。後かたづけまでして、成長に感激しました。充実した遠足のおすそ分けをもらい、家族もほっこりしました。先生の話し方も楽しかっただろうと、目に見えるようでした。楽しく連れて行っていただき、ありがとうございました。

学級通信 1ねん1くみものがたり 6月

みんなが活躍！ 4、5月のたんじょうかい

　新しい班で誕生会の仕事分担をしました。「輪飾り」つけは1号車。ケーキやプログラム作りは3号車。黒板の名前などは4号車。タイトルの文字を貼るのは2号車。それぞれのチームは毎日のように休み時間などを利用して、よく練習や準備をしました。

　チームごとにリーダーを決めて、朝の会で練習計画や連絡を発表しました。道具を借りたり、片づけたりする方法もわかりました。

♪ハッピーバースデイツーユー♪

　入学するまで、ほとんどのことを大人の人にやってもらっていた子どもたちが、一つひとつ学校の生活の中で「自分でする」という力をつけてきました。

　文字を読めるようになり、写真で準備や片づけをしていたことも、文字を読んでできるようになってきました。遠い家まで雨にも暑さにも負けずに、自分で全部荷物を持って登校したことも大きな成長だったと、褒めてあげたいです。

　次は6、7月生まれの人の誕生会です。取り組みをすれば、出番や居場所ができます。また、トラブルも起こります。その都度、相談したり、支援しながら取り組みを進めました。

　困っていたら助け合う場面をたくさん見ました。子どもたちは、友達の発表を実に真剣に見ていました。誕生日の人しか参加できない遊びに対して、誰も文句を言わないのです。「終わったら休み時間にやらせてあげる」とやさしい言葉も出ました。紙ふぶきの後も掃除してくれました。成長に感激！

【追記】輪飾りやケーキ、ローソク、プログラムなど、使えるものは3月まで使います。掃除のとき、6年生のお兄ちゃんに取ってもらって「誕生会セット」の段ボール箱に片づけました。取り組みの後は総括が大事です。まとめをしっかりします。

第Ⅳ章　保護者・子ども・教師をつなぐ学級通信

おいしそうなケーキも黒板に貼って、いい感じ。

こままわし。毎日よく練習していました。

誕生日の8人が遊べます。いいなあ！

体そうチームのピラミッド。

紙皿の皿回し。おっとっと。

学級通信 **1ねん1くみものがたり** 6月

UFO（ユーフォー）てんてん号あらわる！

教室にUFOが「キュイ～ン」とやってきました。子ども達は大喜び。
「あ！　UFOや！」
「ワタシハ　ザルノ　ワクセイカラ　ヤッテキタ　UFOテンテンゴウ」
ゴムでぶら下がっているザルは、びよんびよんと子ども達の上を飛び回ります。
「ワタシガ　サワルト　テンテンガ　ツクノダ。ソレ！　ビヨ～ン！」
はじめにさわろうとしたのは、詩。みんなで読んでみました。
「おさるがふねを　かきました」
UFOがタッチすると、
「おざるがぶねを　がぎまじだ……」
わはははは!!
子ども達の頭に、UFOがタッチしていきます。すると、
「よじがわありざざん」「ざががみじゅんざん」「だばらゆうぎざん」「どよぶぐどじぎざん」……
わはははは！
全員やりまじだ。
しゅくだいは、「だだいま！」ということ。帰りは、もちろん、
「ぞれでは、みなざん、ざようなら！」
この日は、たくさん「ざようなら」と言いにきでぐれまじだ!!

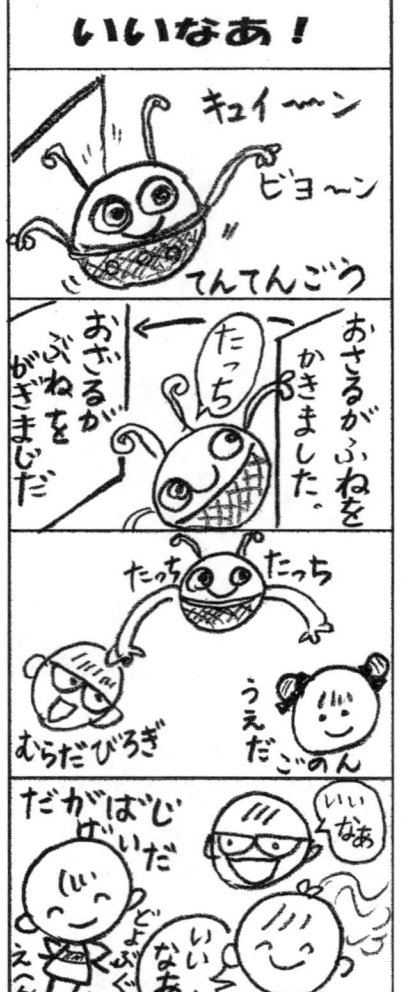

いっぱい「゛」がつくから。

第Ⅳ章　保護者・子ども・教師をつなぐ学級通信

ぴぽぽ星人も！

またまた、宇宙人が教室へ。こんどは、ザルをかぶって登場。「ぱぴぷぺぽ」に変身させていきます。こんどは、変身できない子も多く、変身できた子は、「いいなあ～」と言われていました。こればかりは、変更が無理ですね。

「ぷたのさん」「ぱしもとさん」「いのぱらぱるきさん」……など。

「ぱぴぷぺぽ」は、とても少ないことがやってみてわかったようでした。

〔写真上〕UFOてんてん号にビックリする子どもたち。
〔写真下〕ぴぽぽ星人のザルをかぶって、「ぱぴぷぺぽ」を書く練習です。

学級通信 1ねん1くみものがたり 7月

参観・懇談終わる──「虹の海」の図工

16日の参観・懇談に多数ご参加いただき、ありがとうございました。子ども達もはりきっていました。

今回の授業は、クレパスの使い方のまとめ的なものでした。クレパスを半分に折ったり、指で塗り広げたり、塗り込んだり、人間が逆立ちしたものであったりと、子ども達は抵抗を感じるものも取り入れました。そして、教師の説明をよく聞いて、活動できているか見ていただきました。どれも、1年生なりにがんばっていたと思います。

この後、仕上げをしますが、子ども達はお気に入りの絵のようです。良いところをみつけて褒めてあげてくださいね。

❀ おうちの人から届いた声

◈「虹の海」の参観をさせていただきました。前回も「あれ？」とか、「そうだったのか」というような、簡単にはできない内容でした。

今回も、いままでしたことの無いようなクレパスの使い方でした。団子を重ねて、人間が潜っていくようになるのも「なるほど！」と思いました。あんなふうに教えていただいたら、絵の苦手な子も、上手にかけるんですね。

先日、家で紙を切り抜いてかく蟹の絵

せんせいのあし

（1コマ目）では、ゆっくりはいりましょう。

（2コマ目）せんせいのあし、なんかへん

（3コマ目）え？／あし、みじかっ！／あはははは！

（4コマ目）光の屈折のかげんで短く見えるそう言っても、一年やから、わからんやろなあ。／ぐすん

もともと短いのに…！ ショック！

第Ⅳ章　保護者・子ども・教師をつなぐ学級通信

▶プールで水に顔をつけるのが怖いP君。みんなの「ガンバレコール」でみごと顔をつけることができました。子どもたちの「ガンバレコール」は5年生の教室まで届いたそうです。

を「ああら、ふしぎっておもうよ。教えてあげる」と嬉しそうに教えてくれました。子どもは新しいことに出会うと、驚いたりしながら、「わあ！すごい！」って、きっと思うんですね。なぜか、自信満々の絵のようでしたので、個人懇談で見られるのを楽しみにしています。

◆1年生に入学したと思ったら、なかなか難しいことを学習しているのだなと思いました。国語しかり、算数しかり、図工しかり。しかし、いろいろ工夫して教えていただいていることがわかり、安心いたしました。どうか、びしびし鍛えてやってください。

▶げきにしたよ！
こくご「はなのみち」

音読をがんばっている「はなのみち」を劇にしました。1号車（8人）ごとに、登場人物のお面も作りました。

演じているとき、他の24人は「花の種」になって、くまさんの後についていきます。春になったら、作った花を持ち上げて、はなのみちを作りました。

体で表現することで、ぐんとイメージがふくらんだようです。

学級通信 1ねん1くみものがたり　7月

ぬかるみ みっけ！

こくごのぬのべんきょうで、「ぬかるみ」ということばにであいました。

よる／あめ

つぎのひ　ぬかるみみっけ！　あれぬかるみかな

「ぬかるみ」おおはやり

こんな手伝いさせています！

◆晩ごはんの支度をしていると、「今日、給食当番で初めて大おかずのカレー入れたんやんか。カレーはな、おいもが下の方にあるから、ようかき混ぜてから入れなあかんねん。そんで家でも練習しておいでって先生に言われてん」と。

その日の我が家の晩ご飯はカレー。早速、お玉でグルグルグルグルとかき混ぜて、「なっ、こうやってしたら、おいもが下にいかんやろ」と得意げな表情で、先生が教えてくださったことを、さも自分が考えたかのように、満足そうな笑みを浮かべて話してくれました。初めての大おかずの係がとても楽しかったようです。

◆「ゴミは小さく丸めてすてるの」「ご飯のときの並べ方もちゃんとあるんでで。汁物は右。ご飯は左。ちゃんと教えてあげるから覚えなさいよ」「使ったものは、すぐに元に戻すの」……。

これは、なんと母親の私ではなく、娘の言葉。学校で習ってくることは、絶対のようです。私もしっかりしなくては！

最近は、「つくってもらって食べるだけ食べて、片付けてもらうのは変だと思わない？できることしてくれたら、助かるんだけど」ということで、今では、ご飯の手伝い・テー

ブル拭き・食器運び・配膳・食器洗い……と、大張り切りでやってくれるようになりました。やり直しは、夜寝た後で……。親も忍耐がいるんですよね。（笑）
　この夏は、「ご飯のとぎ方・炊き方」「おかずをよそう」「目玉焼きを作る」「ハンカチにアイロンをかける」「洗濯物をたたむ」、前々からやりたがっていた「掃除機のかけ方」「おにぎりパーティー」をする予定です。
　先生からお聞きした「初めから最後の始末までやらせる」を考え中です。ワクワクしています。

◉最近、特にお手伝いしてくれた時にほめるようにしていたら、自分から「やるよ！」と言ってくれることが多くなりました。やはり、時間もかかるし、後片付けも多いですが、一所懸命やってくれます。
　先日、洗濯物を一緒に干してくれました。少しの間まかせていたら、見様見まねで、シワを伸ばし、どうやったら多く干せるのか考えていました。何も言わなくても、いろいろこちらがしていることを見ているんだなあと感じました。

◉我が家のお風呂は深く掘り込んでいるため、小学校３年生ぐらいからお風呂洗いのお手伝いをさせていたのですが、本人がどうしてもというのでお願いしました。はりきって長い時間をかけてきれいに洗ってくれたのですが、着ていた洋服はビショビショ、はいていたお風呂用ブーツの中には水がいっぱい入ってチャプチャプになっていました。予想通りの結果でしたが、本人はとても満足していました。その後も何度か洗ってくれていますが、一番喜んでいるのはお手伝いから解放された四年生の姉です。

◉家にあがるとき、靴をそろえてあがることを気をつけています。妹と競ってどちらがきちんとできてるか、言い合っています。又、トイレや玄関、パジャマを脱いだ後等、その場を去るときに振り返ってみることを繰り返し繰り返し習慣づけられるようトレーニングしてます。
　ランドセルだけは、何故か玄関がお部屋になり、中身を全開にしていつまでも玄関に座りこんで、お話をしてくれます。落ち着くんでしょうか？

学級通信　1ねん1くみものがたり　10月

ショック！　男？　女？
（運動会のあと）

こえ「あらいせんせいの AKB が かわいかったです。」
→サプライズのダンス
るんるん　うふふ

「せんせい、いえにかえったら、なにしてるの？」
「おかあさんだよ。」

「え？せんせいって、男じゃなかったの？」
「え？」

「だって、かみの毛、みじかいもん。男と思ってたわ〜。」
ショック〜！！
なぁんだ

1年生ってー！　わからないのは年だけじゃなかったのかあ〜！

くり上がりのある足し算

　９＋６や８＋３などの、くり上がりの足し算の勉強も進み、「１０をつくればいい」ということに気づき、理解が進んできました。

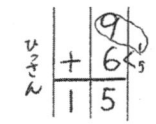

$$9+6=15$$
10をつくる　　5

ひっさん
```
  9
+ 6
---
1 5
```

　頭の中で、計算ができるようになったら、直接答えを書いていいです。まだ、暗算できない場合は、６を二つに分けてします。数量のイメージをしにくい場合は、算数ブロックを使ってやります。宿題で、持って帰ってもいいのです。

　また、パタパタとめくれるタイルの教具も手作りしました。希望者には、貸出しします。

　教科書にはありませんが、たて式（筆算）も教えています。１の位、１０の位が見やすく、わかりやすいです。２年生での２桁の計算へもスムーズに移行できます。

◆

　１０までの計算カードは、答えをぱっと言える子が増えてきました。宿題でなくても毎日毎日練習しているそうです。子どもの努力に感心！　ご協力に感謝！です。

書きたいことがいっぱい！

大きなおいもが出てくるかな？

きのうのいもほりでつかいのがほしかったのにとれませんでした。

ざんねんだったきもち

■たのしかった「いもほり」。おなじことをしても、かいてあることがちがうね。じぶんだけがきづいたりかんじたりしたことをかいたよ。

(りくと)

いもほり、たのしかったです。でも、たいそうふくが、どろどろになったのがすこし、いやだったです。大きいいもやちいさいもが、とれました。

(あすか)

ふくが どろどろ

10・18・か

きのう、さつまいもをほりました。へんなさつまいもをほりました。なんかひとがぼこぼこにされてるようでした。

おいものかたちをくわしくかいたね

(ななか)

学級通信 **1ねん1くみものがたり** 10月

たのしかったよ、うんどうかい

　小学校に入って、初めての運動会が無事終わりました。雨や台風のための休業など、短い練習期間でしたが、本番が一番頑張ったと思います。運動会がすべて終わって教室に椅子を置いたとたん、へなへな〜と床に崩れ落ちた子がいました。
「もう、電池切れ〜〜」の声に、何人もへなへな〜〜。
「みんな、精一杯頑張ったんだね。そっかあ、電池切れだったの〜」
　うなずく子どもたち。その姿がとてもかわいかったです。
　また、応援や感想をたくさんありがとうございました。
　参加賞の「おたよりあのね」を使って、はじめて作文を書きました。はじめてだから、1文でもよし。文の長さではなく、一生懸命書いた姿を想像して、楽しんで読んでくださいね。

おたより　あのね

　せんせい、あのね。
　うんどうかいのおべんとうがたのしかったです。「うんとこしょ・どっこいしょ」がたのしかった。
　くみたてたいそうが　すごかったです。　　　　　　　　　〈ともや〉

　せんせい、あのね。
　うんどうかいの「まるまる・もりもり」のだんすをがんばりました。だって、おんがくがたのしいからです。
　はじめてのうんどうかいは、たのしかったです。
　はじめてだったので、うきうきわくわくするうんどうかいでした。　〈はるな〉

第Ⅳ章　保護者・子ども・教師をつなぐ学級通信

　せんせい、あのね。うんどうかいは「うんとこしょ・どっこいしょ」でひきず
られたのがたのしかった。
　「ようい、どん」で１いになったのがうれしかった。　　　　〈えいけん〉

　せんせい、あのね。
　うんどうかいの「うんとこ
しょ・どっこいしょ」がたのし
かったです。なぜかというと、
どうてんだからです。
たのしかったです。　〈のぞみ〉

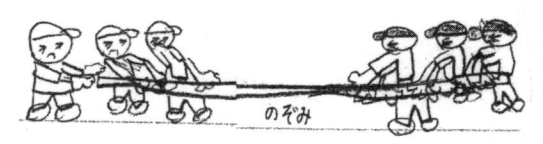

　　　　　　　　　　　　　　せんせい、あのね。
　　　　　　　　　　　　　　うんどうかいで、「ようい・どん」が
　　　　　　　　　　　　　　たのしかったよ。どうてんだったよ。
　　　　　　　　　　　　　　ともだちがはしるとき、ひっしにおう
　　　　　　　　　　　　　　えんしたよ。　　　　　　　〈かつみ〉

　せんせい、あのね。うんどうかいの、「まる・もり・ぴいす」がたのしかった
です。なぜかというと、「こころのちず」は、ふたりぐみになっておどれるとこ
ろがたのしかったよ。
　れんしゅうのときは、ぎんいろのて
いぷが、ぜんぶとれたのがいやだった
です。でも、とてもたのしかったです。
「まる・もり」もとってもたのしかっ
たです。　　　　　　　　〈もえ〉

　せんせい、あのね。
　うんどうかいの「うんとこしょ・どっこいしょ」で　しろぐみがかってうれし
かったです。わたしは、あおいつなをひいてとりました。
　わたしは、しろで、かちました。　　　　　　　　　　　　〈ゆきこ〉

129

| 学級通信 | **1ねん1くみものがたり** | 10月 |

大満足の遠足——天王寺動物園

こっちむいてよ

①ぞうがいるところだよ

②みえへんなあ〜 お〜い！こっちむいて〜！
いわ／ぞう？

③そろり そろり・・・・そのまま うごかない
がっかり

④ぞうのおしりって じっとみたことって……なかった。
でかっ！
ま、いいか

　10月1日、バスに乗って「天王寺動物園」に行ってきました。行く前には、椅子を並べて、バスの乗り降りも練習しました。おかげで、当日はとてもスムーズに乗ることができました。

　行きはバスレク。「動物の時だけ、たたきましょう」ゲーム。「いるか」パンパン。「ぞう」パンパン。「ぞうり」パン……笑い！といった感じ。

　次は、「バスの横並びの人のしりとり」。最後に「バラバラ事件」ゲーム。「まく」「くま」……「しわ」「わし」。「もんどらえ」「どらえもん」……楽しく遊んでいるうちに到着。

　動物園では、フラミンゴのおりの前にリュックを置いて探検にでかけました。初めはカバの池。カバが大口を開けてけんか？しているところから。岩をうまく組み合わせたところから草原が見えます。キリンやシマウマ、ライオンなどを見ました。

　国語で勉強した鳥のクチバシも、猛禽類などを見て確かめ、ビックリしました。ヤギや亀と触れ合うコーナーもありました。ペンギンの泳ぐ姿が気持ちよさそうでうらやまし

第Ⅳ章　保護者・子ども・教師をつなぐ学級通信

かったようです。虎や狼はのんびり昼寝していました。
　おいしいお弁当を食べて、ゴリラやアシカ・象・白熊・赤ちゃんコアラのユーカリの食事などを見ました。最後に、爬虫類館でトカゲやワニ・蛇を見ました。ゆっくり見られたので、大満足のようでした。
　帰りのバスは、ビデオか昼寝。高い背もたれの椅子の隙間からテレビを覗く子ども達のかわいかったこと！　だれも酔わないで帰って来られました。とっても楽しかったので作文を書きました。短い文だけど、思わず笑顔のこぼれる作品です。

せんせい、あのね。
えんそく　てんのうじどうぶつえん

　せんせいあのね、きんようびに、てんのうじどうぶつえんにいったよ。たのしかったよ。
　ふらみんごがかたあしでたっていたよ。
　じょうずにたっていたよ。

ありさ

　せんせいあのね、きんようびに、てんのうじどうぶつえんにいったよ。
　おおかみは、こわいけど、ねてるところがかわいかったよ。

ひかる

　せんせいあのね、きんようびに、どうぶつえんにいったよ。おもしろかったよ。
　しろくまがのしのしあるいてて、かわいかったよ。

かな

　せんせいあのね、てんのうじどうぶつえんにいってどうぶつがよーくわかりました。
　こあらのあかちゃんがぬいぐるみみたいでかわいかったよ。

みか

| 学級通信 | 1ねん1くみものがたり | 12月 |

たのしかったよ！　あきまつり

◆きんよう日に、あきまつりをしました。はじめに、「おちばのふとん」をしました。ねころんだら、きもちよかったです。

　いよいよおみせがはじまりました。はじめに、「はてなばこ」をしました。はてなばこのなかみは、あきのくだものや大きいはっぱがはいっていました。いっちばんきにいったあそびは、「はてなばこ」です。わけは、なにがはいっているかわからなかったからです。

　つぎにいったのは、「まとあて」です。まとはふくです。ふくにあてるものはおなもみです。わたしは２てんにくっつきました。たのしかったです。

　つぎにいったのは、「まつぼっくりけんだま」です。むずかしかったけどたのしかったです。１かいだけのりました。うれしかったです。（まや）

第Ⅳ章　保護者・子ども・教師をつなぐ学級通信

大きなはっぱのおめん 　　　　どんぐりごまは1分間まわせます

かわいいどんぐり人形

◆金よう日、「あきまつり」をしました。はじめに、「おちばのふとん」であそびました。おちばを上になげました。おちばにねころびました。おちばのふとんは、ちょっとくさかったです。やわらかかったです。ちくちくしたけどたのしかった。

　いちばんきにいったのは、「はっぱのおめん」です。はっぱのおめんのしゃしんをとった。はっぱのおばけのしゃしんがとれた。

　「まつぼっくりけんだま」は、ゼリーのかっぷをいれるところにして、くふうしてつくっていました。ぜんぜんはいらなかったよ。

　1ばんたのしかったのは、「オナモミのまとあて」がたのしかった。くふうはふくがまとになっていた。（けいご）

◆金よう日、「あきまつり」をしました。はじめに、「おちばのふとん」をしました。はいってみるといいにおいがして、「さくらもち」のにおいがしました。2ごう車のぜんいんで、はっぱなげをして、あそびました。

　いよいよ、おみせがはじまりました。ぼくがいちばんきにいったのは、「どんぐりごま」です。「どんぐりごまチーム」は、「いらっしゃいませ。いらっしゃいませ」といっていました。どんぐりごまをやってみると、ちいさいどんぐりごまは、あんまりまわらなくて大きいのは、「クルクル、クルクル」とまわりました。また、「あきまつり」したいなあ。（しゅん）

学級通信 **1ねん1くみものがたり** 1月

〈シリーズ〉お母さんの知恵袋

サンタさん？

だまってはいってきた
きゅうしょくいいんのおにいさん

？

きゅうしょくちゅう

だまって、はいってきたら
サンタさんとまちがえるやろ！
すみません。こん月の
もくひょうは・・・

サンタさんやったら、
なにかプレゼント
ちょうだい！

やったあ！！
サンタさんありがとう

２１日に、
ケーキが出ます！

✪うちでは、『ほめノート』を作っています。ほめることをさがして、夜、寝る前に読んでやっています。

【担任より】毎日、ハッピーなことを探すのが、習慣になれば、親も叱ることが減りますね。ほめることは難しいですが、書くことで、探すのが名人になると思います。きっと、子どもにとっても幸せな時間ですね。

✪連絡帳の手紙の欄（注）を楽しみにしています。楽しいことがあると、長々と書いてきます。おかげさまで、書くことに抵抗が少ないように思います。今は、私と子どもの交換日記みたいになっています。

子どもが嬉しそうに読んでいるので、文字にすることは、大切なんだなと思います。できるだけ子どものメッセージに答えてあげようと思っています。「川柳」もとてもいいですね。５・７・５と、思わず家族でも作ってしまいます。

- おかあさん　何か手伝い　しましょうか
- ありがとう　お野菜切るの　手伝って
- お姉ちゃん　ばかり怒るの　やめてよね
- あわだらけ　お茶碗あらい　まかせてね
- ミノムシに　なってしまった　寒い朝

〔注〕52頁、おうちの人に読んでもらえる連絡帳。

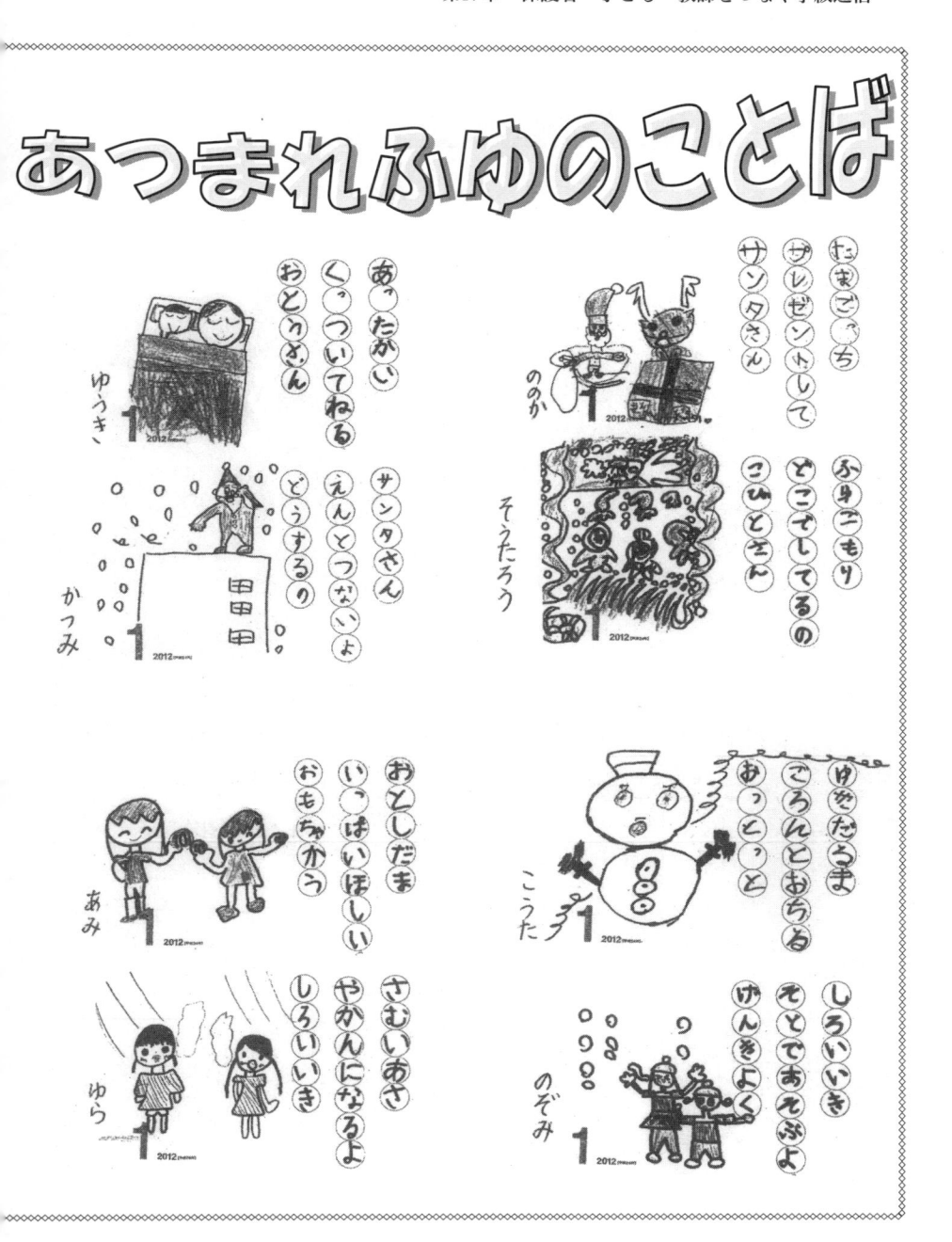

第Ⅳ章　保護者・子ども・教師をつなぐ学級通信

あつまれふゆのことば

あったかい　くっついてねる　おふとん
ゆうき

たまごっち　プレゼントして　サンタさん
ののか

サンタさん　えんとつないよ　どうするの
かつみ

ふゆごもり　どこでしてるの　こひつじさん
そうたろう

おとしだま　いっぱいほしい　おもちゃかう
あみ

ゆきだるま　ごろんとおちる　あっとっと
こうた

さむいあさ　やかんになるよ　しろいいき
ゆら

しろいいき　そとであそぶよ　げんきよく
のぞみ

135

学級通信　1ねん1くみものがたり　2月

がんばった学習発表会

　最後の参観日は、できるようになったことをたくさん見てもらいたいと考えた子どもたち。いろいろな教科の中から、得意技を決めて、チームで練習してきました。1部は、群読、数リレー、合奏。2部は、得意技。3部はオペレッタ「くじらぐも」を発表しました。みんな自分の役割を果たし、大成功！

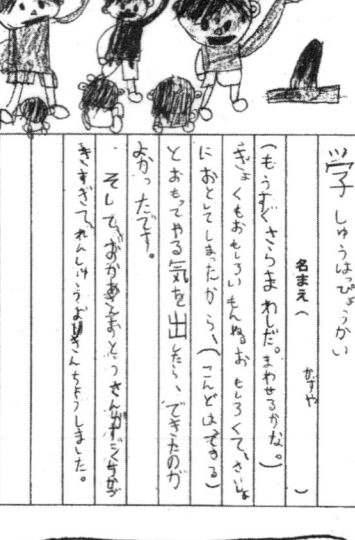

たくさんの方々に参観していただき、子どもたちも、はりきっていました。
ありがとうございました。

学しゅうはっぴょうかい
なまえ（　なすや　）

（もうすぐさらうまわしだ。まわせるかな。）きょくもおもしろいまんねおもしろくてにおとしてしまったから、（こんどはできるよ。）とおもってやる気を出したら、できたのがよかったです。
そしておかあさまおとうさんがうんちきすぎて、れんしゅうおばあさんかもどうしました。

ぼくのおとうと
なまえ（　かつみ　）

ぼくのおとうとは、目がとんがっていて、まつげもながいです。まゆげもふとくて、おとうさんによくにています。
おとうとは、いつも、「うわぁ〜」といって、こけてばかりです。ぼくもおとうとをレゴで、よくあそびます。
おとうとは、ばかわいいです。
当日お休みでざんねんでした。

昨日は、きっとビデオや写真を見て、もり上がったことでしょう。子どもたちも満足そうでした。

こまチーム

名まえ（　はくおう　）

「こまチーム」のはっぴょうがはじまりました。ぼくは、(できないかもしれないとおもいました。ふつうにまわすときもとくいわざもできました。やってみたらできました。

たのしかったこままわし

名まえ（　はるき　）

こまで、さいしょはひとりとおもったけど、きんちょうした。それからぼくの出ばんがきて大ぜいのおかあさんたちの前でこまがでっきいるか心ぱいだったやってみたら、こまがうまくまわった。えへんとがいだったとくいわざもでき手のせて手のせてきて、くるくるまわっていたおかあさんが手のせてできてた。ていねいにとりました。

なわとび

名まえ（　すずね　）

(つよくとべるかなあ)とだいじょうかなあ)とおもいました。そしてわたしたちはなわとびチームですはじめにまえとびをします。そしてとぶとずっとべました。そして「ぎにうぎにくいわざをします」といいました。ともとびましたのぶとくいわざにしくいわざしました。ぴょんぴょんととべました。そしてっこれでおわります。」といいました。

お手玉チーム&こまチーム

名まえ（　ゆうた　）

つぎは、お手玉チーム&こまチームです。ぼくは、お手玉チームでがんばってやったあとけん玉チームをしたらくいら重白いぼうしがいろをあらわしていました。くじらいちも、赤いぼうしも、子どもでした。うたも「うたがきれいにうたってたねぇ」とほめてくれました。ぼくはとてもうれしかったです。

学級通信 **1ねん1くみものがたり** 3月

おたんじょう会＆おわかれ会

　最後の1、2、3月生まれの「誕生会とお別れ会」が3月21日に行われました。入院で誕生会に参加できなかったK君も入れてあげようと考えたのは、子どもたちです。出し物と「おにぎりパーティー」、みんなあそびの「Sケン」をしました。どれも、みんなで話し合って決めたものです。

　「ハッピーバースデイ」の歌の後、「お待たせしました。やっと、7歳になりました。おめでとう」と司会の人（4・5月生まれ）。1年生にとって、1年の開きは大きかったですね。4月生まれは、もうすぐ8歳です。

1、2、3月生まれのお友達。やっと7歳になりました！

紙芝居チームは「はなさかじじい」を読みました。

お笑いチームの「だいじょうぶですか？」

給食のご飯を長いのりで巻いておにぎりづくり。中身はさけ、たらこ、梅干し、塩昆布など。

第Ⅳ章　保護者・子ども・教師をつなぐ学級通信

みんなあそびは「Ｓケン」

　体育の縄跳びの後、楽しみにしていた「みんな遊び」。「Ｓケン」を教えました。昔からある、ぶつかり合いの遊びです。ケンケンをしながら、どんどん敵の宝を目指して進んでいきます。チームの中に、攻める者と守る者ができました。自然とリーダーシップをとる子もでてきます。

　おもしろかったのは、女の子も負けずに攻めていくし、しりごみせずに攻める男子を吹っ飛ばします。この辺が１組らしい。

　私は、もちろん女の子チーム。最後に、みんなで楽しく遊べました。最後の勝負は、２人ずつ残っていい勝負‼　どの子も、痛かったはずなのに、だれも泣いたりしないところが、１組のたくましさだと思いました。「もう１回」「もう１回」と、アンコールがつきませんでした。

たくましく成長した１年

　今年は、３月までインフルエンザが猛威をふるい、欠席の続く日が多い３学期でした。私も、風邪が長引き、通信があまり出せない時期もありました。

　しかし、その間も、子どもたちはいろいろな経験をしていました。たくましく成長した１年だったと思います。

　遊びも大好き、勉強もわかるまで頑張ろうとしました。探検や行事での経験、秋まつりやお店屋さんごっこ、昔遊びや縄跳び、学習発表会……、学校でしか学べないことや体験も積み重ねました。昔遊びはほんとうに上手になりましたね。本をたくさん読みました。学校１です‼　頑張ったね。

　毎日トラブルの連続で、ひやひやすることの多い１年でしたが、みんなどこかに子どもらしい姿が見られ、癒されること多かったです。やんちゃで、やさしくて、かわいい子どもたちとの１年は、楽しかったです。

　毎日の子どもたちへのメッセージなど、いろいろご協力、ありがとうございました。書面にて失礼します。楽しい春休みをお過ごしください。

『学級通信』は「学級通心」
——子ども・保護者・教師の「心」が通じ合うために

「学級通信で、子ども達の良い所を見つけて、伸ばそうとしてくださる様子がよくわかります」「どうして時間の勉強が難しいのかがよくわかりました」「ほかのお母さん方の声を読んで、悩んでいるのは私だけじゃなかった。こんな工夫があったのか！と参考になります」……

これらは、通信を読んでの保護者の感想や声です。

子ども達には、学級通信に作文が載ると読んであげます。ほめられるので、大事そうに持って帰ります。私にとって、学級通信は「通心」であり、子ども達・保護者・教師の心が通じ合うためのもの。子ども集団づくりになくてはならないものです。

また、学習内容、活動の様子やどんな力が育っているかなどを保護者に知らせる方法なのです。保護者がつながるためにも、子育てに自信を持ってもらうためにも、書かずにいられないのです。

でも、子ども集団づくりを、音楽を中心にしている人もいるし、物づくりを実践の中心に据える人もいます。必要だと思えば、発行すればいいのです。通信が発行できる学校は、いろいろな実践の自由が保障される職場づくりも進んでいると言えますね。

【気をつけていること】

(ア) 個人情報を載せるので、初めに了解を取ること。
　　（児童は下の名前。保護者は無記名。採用は担任が決めるなど。）
(イ) 児童の作品などは、まんべんなく載せる。
　　（載せる順にも配慮をして編集する。励みになるように取り扱う。）
(ウ) 保護者や子どもたちが参加でき、交流できるように工夫する。
　　（特に、保護者が参加できるように。）
(エ) 学習課題をどのように理解していっているのかを、わかりやすく伝

（オ）子どもたちの活動の様子を伝えるだけでなく、活動の意義やどんな力が育ってきているのかを丁寧に書く。
　　（カ）文字だけだと読んでもらえないことがあるので、写真や4コマ漫画・子どものイラストなどを載せる。
　学級通信が出せないことだってあります。子育てが始まり時間がない、教材研究や準備が大変、ずっと体調が悪い、他の仕事で手いっぱい、「出さないようにしましょう」と言われた、出し始めたけれど、文章がうまく書けない……など。そんなとき、どうしたらいいのでしょう。
　①連絡帳の手紙欄を充実させる。
　②ミニ便りや付箋を活用する。B4・B5など大きさにこだわらず、連絡帳に貼れるミニサイズのメモを活用する。
　③通信でなく「1枚文集」として、B4やB5で発行する。作文指導としてなら発行できる。少しあいたスペースにコメントやお知らせを載せる。
　④通信のページレイアウトを決めておき、自分が1から書くスペースを少なくしておく。（写真、児童の作文、川柳などを載せる）
　おすすめは、学年を超えて通信を交流することです。学び合えます。

今年は2年生の担任です！

　私の場合、楽しんで書けないときは無理して発行したりしません。子ども達や保護者、自分自身が楽しめるものでないと、長くは続きませんからね。

✣──あとがき

　「Ｓさんや新居さんは、遊んで給料もらっているようなもんやな」と言われたことがあります。〈そうかもしれないなあ～〉と思ってしまう私。
　サークルの学習会などで、レポート報告をすると、
　「大変な状況で、こんなに手のかかる子たちがいるのに、何かおもしろそうなのね～」「どうして、そんなおもしろいこと思いつくの？」
　きっと、ねずみばあさんや冒険ごっこ、命がけでどんぐりを取った話、魔女会議（女子会議）、科学掃除隊（係）、昔遊び……オペレッタの中の新体操やラップのリズムの表現などを見たり聞いたりしてくれたからでしょう。
　私は、教師であった両親の影響を受けています。父は、80歳でピースボートに乗り、船上運動会の応援団長をしたようなおもしろい人です。
　私が小さかった頃、僻地の学校の「学芸会」でのこと。高学年の劇中劇「アリババと40人の盗賊」は、会場の真ん中を張りぼての馬がゆっくりと隊列を組んで入場し、参加した山奥の人々の目をくぎ付けにしました。教職員の劇までありました。
　また、父の教室に行ったとき、学校に入った新しい便器の内側を固定していた発砲スチロールが、クラスのシンボルのお面（ふくらみが顔型にピッタリ）のオブジェになっていたり、給食当番用に、ウェイトレスのカチューシャが並んでいたりしました。
　人類が月に到着したときの運動会は、宇宙服を着た子がひとり入場し、インタビュアーが走り寄るという印象的な開会を演出していました。野外劇のような演出や児童の創作ダンスなどを取り入れていたことも、鮮明に覚えています。
　私も教師の道を選んだとき、父がそうだったように、既成観念にとらわれないおもしろい実践をしたいと考えましたし、全校集団づくりや地域とのつながりを大事にしたいと思いました。
　また、同じ教職の母は、在職中、最も困難を抱えている子に寄り添っていることが、私にも伝わってきました。退職してからも、発達障害児訪問の仕

あとがき

事をし、退職後30年以上も読書会の世話をしてきました。言葉の力を教えてもらったような気がします。「この人はこんなことはしないだろうと思うようなことをしてみたい」「女の子らしくより、人間らしく生きよう」とよく話していました。母もまた、人生を楽しむ達人です。

　こうしたものの見方は、全国生活指導研究協議会（全生研）と出会ったときも、生かすことができました。全生研では、子ども集団づくりのおもしろさにたくさん出会い、ダイナミックな全校集団づくりの実践も楽しんできました。
　私は、自分が居心地のいい職員集団だと元気でいられるので、若い頃は、同僚の先生たちと運動や野外活動・音楽などを一緒に楽しみ、読書サークルや映画同好会のようなつながりをつくってきました。職員のクラブの発想ですね。教師も元気で楽しめる職場がいい！
　どんなに荒れた子に出会っても、どこかにかわいい愛すべき面が見えてきます。そんな子どもたちとの生活をドラマ化する営みは、本当に幸せだと思います。いま、現場にいる先生たちは、子どもも教師も楽しめる実践をどんどん開拓していってほしいと思います。
　現在、そんな子どもたちや教職員に対して、必要な予算を削ったり、大阪では教育基本条例に象徴されるように、理不尽な上意下達の強制が行われようとしています。「やさしさとは、向かってくる悪と戦うこと」……民話で学んだことです。どうかやさしい先生になってください。
　東日本大震災や経済格差・貧困問題のある時代に教師であるということは、新しい学校や教育をつくり直していくように託されているのだと思います。

　最後になりましたが、イラストで実践のイメージを豊かにしてくださった広中建次さんと、最後まで本書の刊行のためにご尽力いただいた高文研の金子さとみさんに、こころより感謝します。
　2012年7月

　　　　　　　　　　　　　　　　　　　　新居　琴

新居　琴（あらい・こと）
定年まで大阪府交野市の公立小学校勤務。現在は常勤講師。若い頃にいろいろな民間教育団体（日本演劇連盟・文芸研・児言研・読み研・北方綴り方・日本作文の会・なにわ作文の会・国語教育連盟・体育同志会・数教協・歴教協・手労研・音楽教育の会・美術教育をすすめる会・科教協など）に出会う。その中で、全国生活指導研究協議会（全生研）の集団づくりに強烈な衝撃と魅力を感じ、会員となる。全生研・元全国委員。その後、発達障害の研究会などに参加。支援コーディネーターとして発達障害のある子たちと関わる。子どもたちの演劇指導や演出に興味あり。趣味は旅行、読書、映画鑑賞。

１年生の担任になったら

●2012年　8月10日　　　　　　　第1刷発行

著　者／新居　琴
発行所／株式会社 高文研
　　　　東京都千代田区猿楽町２−１−８　〒101-0064
　　　　TEL 03-3295-3415　振替 00160-6-18956
　　　　http://www.koubunken.co.jp
印刷・製本／モリモト印刷株式会社

★乱丁・落丁本は送料当社負担でお取り替えします。

ISBN978-4-87498-487-1　C0037